中国工程院院士
是国家设立的工程科学技术方面的最高学术称号，为终身荣誉。

杨启业传

中国工程院院士传记

周洪成 黄丽 王桂根 宗建华 著

中国石化出版社
人民出版社

图书在版编目(CIP)数据

杨启业传 / 周洪成等著 .—北京：中国石化出版社，2023.10
(中国工程院院士传记)
ISBN 978-7-5114-7012-6

Ⅰ. ①杨… Ⅱ. ①周… Ⅲ. ①杨启业-传记 Ⅳ. ①K826.16

中国国家版本馆 CIP 数据核字(2023)第 185597 号

中国石化出版社出版发行
地址:北京市东城区安定门外大街 58 号
邮编:100011 电话:(010)57512500
发行部电话:(010)57512575
http://www.sinopec-press.com
E-mail:press@sinopec.com
北京科信印刷有限公司印刷
全国各地新华书店经销
*
710 毫米×1000 毫米 16 开本 8 彩页 18.5 印张 223 千字
2023 年 11 月第 1 版　2023 年 11 月第 1 次印刷
定价:68.00 元

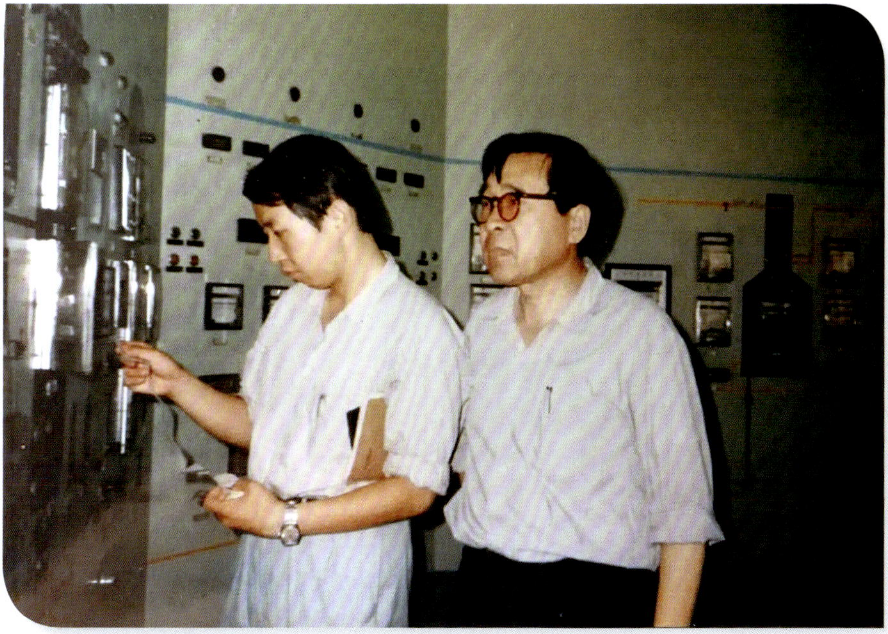

1990年7月20日杨启业（右一）与技术人员核对催化裂化装置操作数据

1990年杨启业（右一）与吴雷在大庆炼油厂75万吨/年催化裂化装置现场

1990 年杨启业（后排右二）在济南炼油厂 DCC 工业试验装置现场

1996 年 12 月 杨启业（右三）在华北油田化学药剂厂
60 万吨 / 年催化裂化装置现场

2012 年杨启业（左四）在中国石油乌鲁木齐石化公司
120 万吨 / 年催化裂化装置现场

2004 年杨启业（前排左二）与催化组在办公楼前合影

杨启业（左三）走进安庆石化现场指导技改

杨启业与家人

中国工程院院士传记系列丛书

总　序

20世纪是中华民族千载难逢的伟大时代。千百万先烈前贤用鲜血和生命争得了百年巨变、民族复兴，推翻了帝制，肇始了共和，击败了外侮，建立了新中国，独立于世界，赢得了尊严，不再受辱。改革开放，经济腾飞，科教兴国，生产力大发展，告别了饥寒，实现了小康。工业化雷鸣电掣，现代化指日可待。巨潮洪流，不容阻抑。

忆百年前之清末，从慈禧太后到满朝文武开始感到科学技术的重要，办“洋务”，派留学，改教育。但时机瞬逝，清廷被辛亥革命推翻。五四运动，民情激昂，吁求“德、赛”升堂，民主治国，科教兴邦。接踵而来的，是18年内战、14年抗日和4年解放战争。恃科学救国的青年学子，负笈留学或寒窗苦读，多数未遇机会，辜负了碧血丹心。

1928年6月9日，蔡元培主持建立了中国近代第一个国立综合性科研机构——中央研究院，设理化实业研究所、地质研究所、社会科学研究所和观象台四个研究机构，标志着国家建制科研机构的诞生。20年后，1948年3月26日遴选出81位院士（理工53位，人文28位），几乎都是20世纪初留学海外、卓有成就的科学家。

中国科技事业的大发展是在新中国成立以后。1949年11月1日成立了中国科学院，郭沫若任院长。1950—1960年有2500多名留学海外的科学家、工程师回到祖国，成为大规模发展中国科技事业的第一批领导骨干。国家按计划向苏联、东欧各国派遣1.8万各类科技人员留学，全都按期回国，成为建立科研和现代工业的骨干力量。高等学校从新中国成立初期的200所增加到600多所，年招生增至28万人。到21世纪初，高等学校2263所，年招生600多万人，科技人力总资源量超过5000万人，具有大学本科以上学历科技人才达1600万人，已接近最发达国家水平。

新中国成立60多年来，从一穷二白成长为科技大国。年产钢铁从1949年的15万吨增加到2011年的粗钢6.8亿吨、钢材8.8亿吨，几乎是8个最发达国家(G8)总年产量的2倍。20世纪50年代钢铁超英赶美的梦想终于成真。水泥年产20亿吨，超过全世界其他国家总产量。中国已是粮、棉、肉、蛋、水产、化肥等第一生产大国，保障了13亿多人口的食品和穿衣安全。制造业、土木、水利、电力、交通、运输、电子通讯、超级计算机等领域正迅速逼近世界前沿。“两弹一星”、高峡平湖、南水北调、高公高铁、航空航天等伟大工程的成功实施，无可争议地表明了中国科技事业的进步。

党的十一届三中全会以后，实行改革开放，全国工作转向以经济建设为中心。加速实现工业化是当务之急。大规模社会性基础建设，大科学工程、国防工程等是工业化社会的命脉，是数十年、上百年才能完成的任务。中国科学院张光斗、王大珩、师昌绪、张维、侯祥麟、罗沛霖等学部委员(院士)认为，为了顺利完成中华民族这项历史性任务，必须提高工程科学的地位，加速培养更多的工程科技人才。中国科学院原设的技术科学部已不能满足工程科学发展的时代需要。他们于1992年致书党中央、国务院，建议建立“中国工程科学技术院”，选举那些在工程科学中做出重大的、创造性成就和贡献、热爱祖国、学风正派的科学家和工程师为院士，授予终身荣誉，赋予科研和建设任务，请他们指导学科发展，培养人才，对国家重大工程科学问题提出咨询建议。中央接受了他们的建议，于1993年决定建立中国工程院，聘请30名中国科学院院士和遴选66名院士共96名为中国工程院首批院士。于1994年6月3日，召开了中国工程院成立大会，选举朱光亚院士为首任院长。中国工程院成立后，全体院士紧密团结全国工程科技界共同奋斗，在各条战线上都发挥了重要作用，做出了新的贡献。

中国的现代科技事业比欧美落后了200年。虽然在20世纪有了巨大进步，但与发达国家相比，还有较大差距。祖国的工业化、现代化建设，任重道远，还需要有数代人的持续奋斗才能完成。况且，世界在进步，科学无止境，社会无终态。欲把中国建设成科技强国，屹立于世界，必须持续培养造就数代以千万计的优秀科学家和工程师，服膺接力，担当使命，开拓创新，更立新功。

中国工程院决定组织出版“中国工程院院士传记”丛书，以记录他们对祖国和社会的丰功伟绩，传承他们治学为人的高尚品德、开拓创新的科学精神。他们是科技战线的功臣，民族振兴的脊梁。我们相信，这套传记的出版，能为史书增添新章，成为史乘中宝贵的科学财富，俾后人传承前贤筚路蓝缕的创业勇气、魄力和为国家、人民舍身奋斗的奉献精神。这就是中国前进的路。

宋健

2012年6月

前　　言

在中国工程院院士们中，杨启业是比较独特的一位。他是北京石油学院第一批学生，是新中国培养的第一批石油化工专家。

杨启业与陈俊武、毛柄权等石油化工行业的院士们有着共同经历，他们都是出生在旧中国，亲身经历了国家积贫积弱的历史，亲眼目睹了帝国主义列强在旧中国的不可一世。因此，当他们在新中国接受了高等教育并效力于国家建设的时候，奉献出了满腔热情。出生于 1932 的杨启业，1953 年报考了清华大学石油化工系。同年，随全系师生一起来到刚组建的北京石油学院，成为北京石油学院第一批学员。由此开始，在跨越两个世纪整整一个甲子的漫长岁月里，杨启业拼搏在他所热爱的石油化工行业，一直从事炼油工艺设计、装置审核和新技术开发等工作，历任技术员、工程师、副主任工程师、主任工程师、高级工程师、教授级高级工程师、副总工程师和担任技术委员会委员、专家委员会委员，并在 1997 年当选为中国工程院院士，成为中国石油炼制工艺专家，中国炼油重油催化裂化工程和催化裂化装置大型化、国产化的主要开拓者、倡导者之一。

60 多年来，杨启业致力于炼油工程设计和炼油工程技术的攻关。他主张严谨治学，在炼油工程实践中探索创新。作为炼油催化裂化专业创新带头人，从中国原油大多偏重、资源有限的实际出发，把重油催化裂化技术作为中国重油深度加工、“吃干榨净”、提高炼油厂经济效益有效方法的关键，努力实现了多种催化剂再生工程技术、大庆常压和减压渣油流化催化裂化技术、催化裂解工艺技术、催化裂化装置大型化与国产化技术的四大飞跃。1966 年，他设计的胜利炼油厂联合装置是新中国第一套联合装置，把原本需要分别建设的几套生产装置联合到一起，有效解决了占地多、流程长、设备复杂多样、资金量过大的难题，在当时的中国，是一项创新。这套联合装置直到 2015 年才退出历史舞台，被更先进的生产装置替代。

之所以要为杨启业这些院士们立传，是为了传承他们的精神：一是传承他们的爱国精神。经历过旧中国磨难的杨启业，有着强烈的爱国精神。他所做的一切，都是为了国家繁荣富强。他根据国家对石油化工发展的方针、政策与要求，按照项目建设实际和项目合同的具体内容，着眼于长远发展，做了大量实际工作，使中国的催化裂化技术和工艺，从无到有，再到发展壮大，有了独立的知识产权，为中华民族自立于世界民族之林，作出了应有的突出贡献。二是要传承他们的敬业精神。在新中国的创业阶段，困难繁杂，条件艰苦，石油化工行业更是困难重重。杨启业自参加工作起，一直兢兢业业，在工作中不讲条件、不计时间、不讲报酬，这是那个创业年代的主流。他做的每项工作，不是以完成为标准，而是高标准、严要求，把工作做到极致。他对每套装置的工艺流程方案或各项设计，力求工程设备最小化，处理量最大化，工程投资最省，技术含量最大，确保开车生产中运行平稳，产品质量最优。他对每张图纸、每条线、每个点、每个数据，都要全神贯注地仔细核对，使一个个项目圆满完成。与此同时，他还把大量时间投入到现场，集中精力指导或解决现场问题。据粗略统计，他在从事设计工作的 50

多年里，有7500多天是在现场和工地上度过的，有时一年内出差时间长达220多天。三是要传承他们的学习精神。杨启业之所以能够取得累累成果，与他孜孜不倦的学习精神是分不开的。60多年来，他认真学习中国和外国的先进经验和技术，不断提高自己的业务水平，勤于学习，勇于实践，把学到的知识用于生产实践中去，再反过来充实专业知识理论，形成良性循环。

为了催化裂化炼油技术的发展，杨启业作为中国催化裂化专业创新的主要带头人之一，在参与大量催化裂化装置建设实践中，努力开展学术研究试验和攻关，在中国炼油催化裂化领域取得了多项重大技术突破和科技成果。在这个过程中，他亲手设计的催化裂化装置规模由最初60万吨/年，到120万吨/年、140万吨/年、180万吨/年、200万吨/年、240万吨/年，发展到现在的300万吨/年、400万吨/年甚至更大，实现了大型化、国产化、现代化。为奠定和持续发展中国炼油工业的重点技术——流化催化裂化装置的工程设计，作了开创性和开发性的工作。获得国家级优质工程金、银、铜奖或省部级优秀工程设计奖的装置达13套；获得国家及省部级科技发明、科技进步奖一、二、三等奖的科技成果23项；获得中国专利16项、美国专利3项，获得重要科技奖项42项。

杨启业院士和他们的院士同伴们，是中华民族复兴的中流砥柱。他们的精神应当由更多的后来人继承和发扬，为实现中华民族的伟大复兴贡献力量。

杨启业院士简介

杨启业，1932 年 1 月出生于江苏省镇江市，中共党员，中国炼油工艺专家，中国炼油重油催化裂化工程和催化裂化装置大型化、国产化的开拓者、倡导者之一。1957 年毕业于北京石油学院炼油工程专业。曾任中国石化北京设计院高级工程师、副总工程师，中国石化工程建设有限公司专家委员会委员等职，现任中国石油化工集团有限公司科学技术委员会顾问。

长期从事炼油工艺设计工作，为奠定和持续发展中国炼油工业的重点技术——流化催化裂化装置的工程设计，作了开创性和开发性的工作。主持设计的武汉炼油厂 60 万吨/年分子筛催化剂提升管催化裂化工业装置一次投产成功，达到了当时国际上流化催化裂化技术的先进水平，标志着中国催化裂化技术包括催化剂研制、工艺与工程技术研究达到了自主研发和工业化应用的新水平。20 世纪 80 年代，主持大庆常压渣油催化裂化技术的研究开发，让我国具有自主知识产权的渣油催化裂化技术得到产业化应用，使中国在渣油催化裂化加工领域处于世界领先地位。20 世纪 90 年代，主持 200 万吨/年大庆全减压渣油催化裂化装置开发攻关并成功投产，使渣油处理水平达到了一个新的高度，标志着我国催化裂化技术水平在重油的深度转化方面又上新台阶。60 年来先后设计、审核了 100 多套催化裂化装置，积极在催化裂化装置上推广应用新技术、新工艺、新设备，为我国催化裂化技术的提高和发展作出了重要贡献。多次获得国家及省部级奖励，获得国家发明奖一等奖 1 项、三等奖 1 项；国家科技进步奖一等奖 2 项、二等奖 2 项、三等奖 1 项。获我国专利 20 多项，美国专利 3 项。发表学术论文多篇。

1990 年被国家人事部授予“国家级突贡专家”称号，1991 年获得国家政府特殊津贴，1997 年当选为中国工程院院士。

目　　录

引章 | 一 |

一项适合我国国情的核心技术

当你打开液化气阀为家人做一顿可口的美食，或给心爱的汽车加满油开始美好的旅行，或登上渡轮遨游江河湖海，或乘航班飞越千山万水，或行走在清爽的柏油路上，你可曾想到液化气、汽油、柴油、航空煤油、沥青等这些与生活息息相关的石化产品是怎样炼制出来的？

在高速发展的当今时代，用途广泛的石油炼制产品已经成为我们生活不可或缺的一部分，我们的衣食住行都离不开它们。

在我国，车用汽油用量的80%，是由催化裂化装置生产的。

催化裂化装置是把重油转化为汽油、柴油、液化气产品的主要重油转化装置。它具有转化率高、经济效益好等优点，是适合中国国情的炼油轻质化的核心技术，对炼油厂经济效益的提高贡献最大，具有辉煌的历史、光明而任重道远的未来。

催化裂化，这项适合我国国情的核心技术，是中国工程院院士、中国石化工程建设有限公司（SEI）副总工程师杨启业的主要研究领域，作为奠基人之一，其学术成就早已斐然国际。这一项工程技术发明为国家经济发展提供了强有力的保障，并赚取了大量外汇。

催化裂化装置是石油炼制和石油化工企业中最重要的二次加工装置，承担着生产车用燃料和基本有机化工原料丙烯以及民用液化气的重要任务。它以重质馏分油（直馏蜡油、焦化蜡油、常压重油、减压渣油、脱沥青油等）为原料，在一定的温度、压力下，以分子筛催化剂为载体，采用流态化技术，原料油与高温催化剂接触，发生一系列的化学反应，从而将原料油转化为轻质油品，主要产品为汽油、轻柴油和液化气。

在原料油催化裂化的反应中，催化剂与原料油接触越充分，越有利于反应的进行。因此在催化裂化工艺中使用了催化剂，直径为20~100μm。为充分发挥催化剂在反应中的作用和保证再生完全，现代催化裂化生产装置设计使催化剂在反应器和再生器两个设备中呈“流化状态”，反应器和再生器典型形式有U形管连接同高并列式和提升管式两种。

在一个超微气流粉碎设备中，将颗粒物料堆放好，当气体由设备下部通入床层时，随着气流速度加大到某种程度，固体颗粒在床层内就会产生沸腾状态，这种床层称为流化床。流化床的种类有最小流化床、鼓泡流化床、腾涌流化床、湍动流化床、快速流化床等。

流化床的主要特性是：充分流态化的床层表现出类似于液体的性质。密度比床层平均密度小的流体可以悬浮在床面上；床面保持水平；床层服从流体静力学关系，即高度差为 L 的两截面的压差 $\Delta p=\rho gL$；颗粒具有与液体类似的流动性，可以从器壁的小孔喷出；两个连通的流化床能自行调整床层上表面，使之在同一水平面上。上述性质使得流化床内颗粒物料的加工可以像流体一样连续进出料，并且由于颗粒充分混合，床层温度、浓度均匀，使床层具有独特的优点而得以广泛应用。

大庆常压渣油催化裂化技术
1987年获得国家科学技术
进步奖一等奖纪念

在中国催化裂化技术的发展历程中，杨启业在中国石化工程建设有限公司（包括原北京设计院）的强有力支持下，为中国的催化裂化发展作出了卓越的贡献。

引章｜二｜

一位埋头苦干的院士

杨启业，1932 年 1 月出生于江苏镇江，1957 年 7 月北京石油学院炼制系毕业后就职于石油工业部北京设计院，1983 年 12 月 1 日加入中国共产党。中国石油炼制工艺专家，中国炼油重油催化裂化工程和催化裂化装置大型化、国产化的主要开拓者、倡导者之一，1997 年当选为中国工程院院士，现为中国石化工程建设有限公司专家委员会副主任。

杨启业院士在办公室

在跨越两个世纪超过一个甲子的漫长岁月里，杨启业从没有离开过他所眷恋的石油催化裂化事业，一直从事炼油工艺设计、装置审核和新技术开发等工作，从技术员、工程师、副主任工程师、主任工程师、高级工程师、教授级高级工程师、副总工程师和技术委员会委员、专家委员会委员直至成为中国工程院院士。

60 多年来，杨启业致力于炼油工程设计和炼油工程技术的攻关。他主张严谨治学，强调在炼油工程实践中探索创新。作为炼油催化裂化专业创新带头人，从中国原油大多偏重、资源有限的实际出发，把重油催化裂化技术当作中国重油深度加工、“吃干榨净”(使原料物尽其用)、提高炼油厂经济效益有效方法的关键，努力实现了多种催化剂再生工程技术、大庆常压和减压渣油流化催化裂化技术、催化裂解工艺技术、催化裂化装置大型化与国产化技术的四大飞跃。

根据国家和中国石化集团公司的方针、政策与要求，按照项目建设实际和项目合同的具体内容，着眼于长远发展，杨启业在石油化工项目建设中，作为项目设计人或审核人、审定人，对每套装置的工艺流程方案或各项设计，力求工程设备最小化、处理量最大化、工程投资最省、技术含量最大，确保开车生产中运行平稳，产品质量最优。他对每张图纸、每条线、每个点、每个数据，都要全神贯注地仔细审核校对，使一个个项目圆满完成。与此同时，他还把大量时间投入现场，集中精力指导或解决现场问题。据粗略统计，他在从事设计工作的 50 多年里，有 7500 多天是在现场和工地上度过的，有时一年内出差时间长达 220 多天，往往是人还没回到北京，单位又为他买好了到另一企业出差的火车票。

为了催化裂化炼油技术的发展，杨启业作为中国催化裂化领域创新的主要带头人之一，在参与大量催化裂化装置建设实践中，努力开展学术研究试验和攻关，在中国炼油催化裂化领域取得了多项重大技术突破和科技成果。

主要成果包括：(1)带循环管的高效烧焦罐再生，具有串联快速流化床再生、管式再生和二段逆流再生等多种催化剂再生的工程技术达到国际先进水平；(2)催化裂化外取热器技术和设备实现了出口新加坡、韩国和印度等国家或地区的新突破；(3)催化裂化的原料范围越来越大，由最初只“吃”馏分油，发展到能加工常压渣油，现在已可“吃掉”减压渣油，为炼油厂深度加工、把重质油“吃干榨尽”开辟了新道路，提高了企业经济效益；(4)催化裂解工艺由着重生产汽油、柴油，发展到中国独有的增产丙烯的新工艺，并出口到泰国；(5)催化裂化装置规模由最初每年 60 万吨，到每年 120 万吨、140 万吨、180 万吨、200 万吨、240 万吨，发展到现在的每年 300 万吨、400 万吨甚至更大，实现了大型化、国产化、现代化。

杨启业为奠定和持续发展中国炼油工业的重点技术——催化裂化装置的工程设计，做了开创性和开发性的工作。他不仅把理论知识用于实际工作，而且十分注意总结提高和创新，把在催化裂化技术实践中积累的经验上升到理论，独著或与同事们合著了论文、著作 25 篇(本)，在《炼油设计》《石油炼制》《石油炼制与化工》杂志刊发，并收入由侯祥麟院士主编的《中国炼油技术新进展》一书，为催化裂化装置改造和新建提供了宝贵的技术资料。

工作 60 多年来，杨启业参加、主持新建和改造的催化裂化装置多达 116 套，其中，新建装置设计 56 套、改造装置设计 43 套、其他装置设计和审核 17 套，这些在一个工艺设计者的职业生涯中都是惊人的数字。他先后参加或负责设计与审核的催化裂化、催化裂解、催化汽油分离、催化脱蜡等装置，全都是一次投产成功，为国家创造了巨大的经济效益。其中，获国家级优质工程金、银、铜奖或省部级优秀工程设计奖的装置达 13 套；获得国家及省部级科技发明、科技进步奖一、二、三等奖的科技成果 23 项；获得中国专利 16 项、美国专利 3 项，获得重要科技奖项 42 项。

时光的轮盘轻轻转动，在老一辈炼化人的记忆版图上，尘封 60 多载的历史画卷徐徐打开，过去的岁月仿佛又在眼前重演。

第一章

杨家少年初长成

1. 一方水土养一方人

1932 年 1 月 2 日，杨启业在江苏省镇江市丹徒县出生。

镇江位于中国东部沿海、长江以南，民国时期(1929—1949 年)为江苏省会。

镇江，古称“宜”“朱方”“丹徒”“京口”“润州”，自古为黄金水岸、江南鱼米之乡、中国富庶之地、兵家必争之地，是吴文化的重要发祥地。地名由来颇有意思：一说是镇江北部沿江岸一带地势低洼，古代常受水害，在水名之前加吉祥词以示祈望而得名；二说是宋时因地理位置优越，背山面江，形势雄险，为镇守江防之地，故取名镇江。

江南出才子，而长江两岸的富饶之地江苏，历来盛产杰出俊才，自古以来就博得状元第一省的美誉。镇江“一水横陈，连冈三面，做出争雄势”，城在山中，山在城中，乃灵秀之地，扼南北要冲，得山水之胜，钟灵毓秀，代不乏才，这或许正是大自然的选择。

在 1932 年 1 月 2 日这个寒冷的隆冬时节，镇江市丹徒县郊区薛家湾笼罩在一片寒气逼人的冷雾中。

一声清脆响亮的啼哭声传出薛家湾寂静的小巷。在外做勤杂工的薛恒长(1899—1978)得到消息后匆匆赶回家，从妻子薛吴氏(1898—1957)怀中接过一个柔弱的婴儿——这是薛家继长子薛长保(1929—2009)之后生下的第二个儿子。在旧中国风雨飘摇的动荡年月里，薛家主要靠四亩耕地度日，生活不富裕，又添了一口人，日子显得越加艰辛。

1936 年春天，父亲薛恒长和母亲薛吴氏做主，把四岁的二儿子过继给没有子嗣的杨家为养子。杨家母亲跟薛吴氏是亲姊妹，都是贫民吴家女儿，嫁到杨家后被人称为杨吴氏(？—1952)。杨家父亲杨佑昆(？—1959)为这个心爱的养子取名启业，寓意“开创新业、光耀宗祖”，意思是期望他长大后能做一番新的事业并有所成就。

从此，小启业由杨家父母即其姨夫姨母抚养长大，一家人居住在镇江市经摺巷1号。

杨启业过继后，薛家又有两个妹妹出生：大妹叫薛秀芳，未能读书，长大后到上海当工人；二妹叫薛桂芳，高中文化，毕业后到浙江省绍兴县酿造厂工作。长兄薛长保读过三年私塾，成人后到包头市第二阀门厂当会计。薛家重男轻女的思想比较重，家里有鸡蛋，只给男的吃，女的都不能吃。

镇江人喜爱用蚕丝织成的衣服，夏天穿很凉快。念过私塾的养父杨佑昆很有头脑，从小学做手工织生丝布，购置了一架简单的加工机器，以做蚕丝活计为生。

杨家有三间老屋，出租一间半贴补家用。

杨家父母勤奋善良，吃苦耐劳，使儿时的杨启业受到深深的影响。他聪明好学，对世界充满着极大的好奇心，对不懂的事情总喜欢刨根问底，有的事还要亲手做一做。

杨佑昆、杨吴氏夫妇受尽了没有文化的苦，发誓省吃俭用也要供养子启业念书。

2. 启蒙教育

1936年，对养子寄予厚望的养父母送4岁的启业到镇江市水陆寺巷读私塾。水陆寺巷因“水陆寺”而得名。水陆寺建于宋代淳祐年间(元《至顺镇江志》载)，毁于清代咸丰年间。水陆寺是镇江城里的八大寺之一，水陆寺巷是镇江当时的主要街道，商贾、学馆云集。杨启业在这里，主要学习《三字经》《百家姓》《千字文》《大学》《中庸》《论语》《孟子》等国学文化。

在长衫先生的引领下，小启业和伙伴们晃动着充满稚气的身体，专注地诵读那些佶屈聱牙的经典，“人之初，性本善……”的启蒙在他幼小懵懂的心灵里生根发芽。

1938 年 9 月，6 岁的杨启业走进位于家门口的镇江市省府镇白家巷小学，正式开始了他并不平坦的求学之路。

1940 年 9 月，白家巷小学撤校，杨启业又转到离家远一点的镇江市模范小学(后改名为五条街小学)继续读书。这所学校至今仍然是江苏省的重点学校。小启业虽然调皮却很懂事，不忘父母“要好好学习”的嘱托，很少贪玩，总是按老师要求独立完成作业，学习成绩在班里常名列前茅。

杨启业接受英语启蒙是在小学三年级。这时候正是抗日战争时期，学校教育由日本人掌控，日本人只允许学校教日语，不允许教英语。好在学校的校长等教职员工都是中国人，在没有日本人检查的时候，在教汉语的同时，也用民国的课本教英语。小启业和同学们很珍惜学习机会，上课认真听课，放学回家也要认真复习，他的英语基础就是在那时候打下的。

儿时的杨启业，最喜欢的游戏就是跟伙伴们踢足球。小学四年级，新增的体育课让孩子们欢欣鼓舞。体育老师教学生们如何互相配合传球，如何踢好一个小小的足球是讲究战略战术的，需要有智慧和勇气。踢球这项新鲜有趣的运动，一下子为杨启业打开了一个新世界。

放学后，杨启业和伙伴们在僻静的弄堂里摆好书包围作球门，开始了对一只小足球忘我的追逐，左冲右突疯玩到傍晚。尽管腿上磕出不少伤疤，一个小足球却给这群孩子带来了无比单纯的快乐。自然而然，童年的爱好对于杨启业有着潜移默化的影响。对足球的热爱，一直贯穿着杨启业的人生，成为鼓励他奋力前行的动力。

这个时候，镇江还流行踢毽子，杨启业很快就学会了这项以敏捷见长的体育运动，并很快成为其中的佼佼者。他回忆说，每次踢毽子都要气定神闲地摆开架势，轻轻挑起脚尖，让一只小小的毽子在脚面上下翻飞，几乎不落地，连续踢几百下都没问题。

3. 谋生路上的求学

然而，天有不测风云，人有旦夕祸福。战乱年代，时局动荡。日本侵略者在侵占中国半壁江山后，又发动了太平洋战争。为了维持战争，日本侵略者在占领区横征暴敛，疯狂掠夺占领区人民的财富，使占领区的民众苦不堪言，民不聊生。在这种形势下，养父杨佑昆的蚕丝生意做不下去了。失业来得猝不及防，使这个城市的贫困之家顿时陷入了生存的困境。杨佑昆没有固定职业，失业后做过汽车公司的工友、卖蔬菜零食的小摊贩，杨家困顿的生活几乎难以为继。

看到一家人的困难境地，杨启业的舅舅很不忍心。这时的他，在商店给人家当伙计，靠着打得一手好算盘谋得一份稳定的职业，养家糊口绰绰有余。他知道杨启业数学好，打算让杨启业学习珠算，以后也算是当一门谋生的手艺。他的想法得到了杨启业养父母的支持。养父母一商量，决定让杨启业到镇江市补习学校，一边补习五年级功课，一边学珠算，将来好走舅舅的路，也当个账房先生，过上衣食无忧的生活，还能养活一家老小、改变生活窘境。于是，1942 年，杨启业没有回到原来的学校念书，而是上了补习学校。

没有想到的是，杨启业学习珠算一年后，舅舅忽然被东家辞退，不得不回到镇江。跟舅舅一样谋职的想法成了泡影，这条路显然走不通了，珠算也没必要再学下去了，养父母只得把杨启业领回家去。

这个曾手执算盘的少年，却因此喜欢上了珠算。他把珠算与数学相结合，锻炼了他缜密的计算能力，也使他逐步养成了独立思考、谨言慎行的习惯。

1943 年 6 月，因为生活实在太困难，杨佑昆的好友张永堂出面，介绍 11 岁的杨启业到上海小南方唐坊北弄 72 号袜厂的食堂当童工。杨启业负责给厨师打下手、做杂务，每天早晨 5 点起床烧火做饭，一整天不停地做工，一直忙到夜深人静才能睡觉。由于睡眠不足，本就单薄的杨启业感到非常劳累，时间一久，身体渐渐吃不消了。他实在忍不住，写信给杨家父母，告知了这边的情况，诉说想家的迫切心情。

1944 年 8 月，杨家母亲找到一份给人家做保姆的活计，生活困境总算有所改善。杨家父亲随即赶到上海，把做了一年多童工的杨启业接回了家。

这段童工经历，在杨启业的人生中播下了吃苦耐劳的种子。

杨家父母与天下的父母们一样，都希望孩子们能够读书，这个想法即便是在杨启业当童工的时候也没有放弃。在回到他们身边的第二个月，也就是 1944 年 9 月，12 岁的杨启业重新回到学校，进入镇江市和平路小学读六年级，重新开始清贫的求学之路。

4. 瓜洲贩菜

1945年1月，13岁的少年杨启业从镇江市和平路小学六年级跳级考入镇江中学读初中一年级。刚上初一的时候，他与校长的儿子是同班同学。放学之后，经常到校长家里做作业、复习功课。校长给了杨启业很多的指导和帮助，尤其是在数学方面。少年时代的杨启业对数学特别感兴趣，因此有多位数学老师都给他留下了深刻的印象。

杨启业上初中以后，家里的负担更重了。为了减轻养父母的生活压力，他决心在寒假通过自己的劳动挣学费。杨家居住的镇江市与瓜洲镇隔江南北相望，瓜洲自古物产丰富，集市热闹繁华。杨启业听别人说，瓜洲的蔬菜比镇江的便宜，从瓜洲买些蔬菜带回镇江来卖，可以多赚一点钱。他的心动了，在仔细询问过注意事项后，他决定加入贩菜的行列。

唐代的张祜在他的诗《题金陵渡》中写道："潮落夜江斜月里，两三星火是瓜洲。"张祜所看到的瓜洲充满诗意：潮水落去，夜幕低垂，江水潺潺，斜月东升，星星闪烁，渔火点点。

一去千年，唐人的诗意瓜洲随时光隐遁，民国时期的瓜洲却正满怀一个杨家少年的清愁。

每天斜月东升时，清贫懂事的少年杨启业就挎上篮子，乘渡船去长江北岸的瓜洲镇走亲戚。在亲戚家借住一宿，他第二天早早起床，顶着黎明前的黑暗，走进冰凉的薄雾中，到集市买一篮子新鲜便宜的小白菜，赶早船回镇江，用稍高一点的价格卖出去。每天起早贪黑，循环往返，其中的辛苦自不必说，这个寒门学子拮据的生活透着些许甜意：寒假结束时，学费也攒齐了。

杨启业初中仍读《孟子》，学校每次考试都要考一段《孟子》。杨启业沉迷在书香里，琅琅的读书声伴着江水涌起的浊浪拍击着渡他过江的木船，发出幽幽的回声。

5. 伤寒的磨难

春去，秋来。命运似乎还要继续考验少年杨启业。

1945 年 9 月 2 日，是日本签署无条件投降书的日子，镇江的百姓也沉浸在抗战胜利的喜悦中。

这个江南重镇，秋意渐浓。念完初中一年级即将升初中二年级的杨启业，竟意外地染上了伤寒，不得不休学养病。

史料记载，我国在新中国成立前伤寒流行严重、病死率很高。伤寒是由伤寒杆菌引起的急性传染病，典型的临床症状表现包括持续高热、腹部不适、肝脾肿大，部分病人有玫瑰疹和相对缓脉。伤寒治疗包括注意饮食及隔离、抗菌以及并发症的治疗，去传染病医院才能使人更快治愈。

在医疗条件落后的旧社会，伤寒几乎是死亡的代名词，一个 13 岁的小小少年要和这么重的病抗争，力量可谓悬殊。那时候的杨家家境贫寒，日子过得实在困苦，养父母拿不出钱，杨启业无法住院治疗，只能在家听天由命地休养。

初秋时节，镇江依旧闷热得像蒸笼。伤寒的侵袭使杨启业卧床不起，体温高达 42℃，“烧”得他每一个汗毛孔都渗出一颗颗白色的亮晶晶的小珠子，皮肤随之破溃，全身逐渐脱掉了一层皮。伤寒病人最怕身处嘈杂环境，即使窗外有人走路的脚步声响起，杨启业羸弱的心脏也会跟着一起不安地跳动。还好日本投降后的镇江没有了战争的硝烟，这个历史悠久的古镇恢复了静谧安详的本色，用它巨大的安宁包裹着这个羸弱的少年。

经历过生活磨难的杨启业，养成了不服输的性格。尽管伤寒凶猛，但他咬紧牙关与其顽强斗争。伤寒病对人的身体侵害非常严重，高烧持续不退，无时无刻不在折磨着杨启业。杨启业整天没有胃口进食，一点饭也吃不进去。眼看杨启业一天比一天虚弱，养父母急得团团转，买回一个馒头让其改善口味，杨启业连半个都没吃下去，全凭顽强的毅力支撑着羸弱的身体。三个月后，他才能喝点汤水，勉强依靠粥和中药维持体力。

“三个月没法下床，就靠喝中药活下来了，真不容易!”回想起这段经历，杨启业不禁感慨万端。

窗外树影摇曳，天上飘着浮云。然而，这些风景并没有让天天卧床不能行走的少年杨启业生出多少虚幻的憧憬。那些日子，唯有一个坚定的信念支撑着他：一定要把书读下去！这个来自心底的声音日夜响在耳边，如钟轰鸣、振聋发聩，促使杨启业与病魔做着最顽强的抗争。

高烧终于渐渐消退，杨启业竟然绝处逢生，从最煎熬、最深度的发病期艰难泅渡，奇迹般地开始好转起来。

养病期间，躺在床上的杨启业开始了艰难的自学，他悄悄盼望着能早些回到学校继续读书。

休养两年后，杨启业终于痊愈，能够下床活动了。尽管皮肤脱掉了一层，头发也掉得光光的。

至今，少年时代经受的病痛在杨启业心底已云淡风轻，这位年过 90 的老人反而庆幸自己因祸得福：“所以嘛，别人问我的头发为什么这么好，可能跟我那时候头发掉光以后又长出来很有关系，我的头发一直都不白，现在还没全白呢，跟得过伤寒病有关系。”

6. 裁缝店里的“杨相公”

1947 年夏天，杨启业终于痊愈。他充分利用两年休养时间，自学完了初中的全部课程，准备直接报考高中。

谁知，磨难接踵而至：养父又病了，无法继续工作。家里的生活因此更加困难，只能维持生计，没有多余的钱供杨启业上学。尽管杨启业非常渴望上学，但他心里清楚，眼下只能先与养母一起赚钱养家，其他事得以后再说。

1947 年 6 月，因为算盘打得不错，经熟人何建民介绍，杨启业到南京中山东路 344 号新都裁缝店当学徒，负责给店里记账。但是，这个时候，由于连年内战、民生凋敝，裁缝店的生意并不好，杨启业的工作相对较轻松。

裁缝店的店主姓陈，他有一个女儿，名叫陈红英。令所有人都没有想到的是，许多年之后，杨启业与陈红英成为夫妻。那时，陈红英的父亲及其家人都给了杨启业很多关怀和温暖。安静、文气、懂礼貌的杨启业给人们留下了深刻的印象，特别在陈红英眼中，杨启业非常儒雅，看起来像个“相公”。

既然不能进学堂，怀着读书热望的杨启业仍然选择了自学，利用所有空闲时间来学习。其中有些书是从陈红英家借的，还有的课本是千方百计从其他熟人那里借来的。

在他自学过程中，裁缝店隔壁的一位邻居给了他很大的帮助。这位邻居是个英语老师，他无意中看到杨启业专注学习后，非常欣赏他，主动提出帮助他学习英语。那位善良的老师每天晚上给勤奋好学的杨启业补习两个小时英语，而且分文不取。

就这样，杨启业用同龄人难以想象的毅力自学了高中的大部分课程。旺盛的求知欲，在这个15岁少年瘦弱的身板里，令人惊奇地持续爆发。而此时的南京，生活越加艰辛，物资短缺，物价飞涨，频繁出现的伤兵，使整个南京城处于风雨飘摇之中。

1949年4月23日，南京街头响起了嘹亮的歌声“解放区的天是明朗的天”，南京解放了。大街小巷一片欢腾，少年杨启业与欢乐的人们一起，庆祝南京解放，他的心里也充盈着对新生活的无限向往。

7. 升入高中

1950年9月，杨启业顺利升入新苏中学(现镇江第四中学)读高中一年级。高一时，新苏中学的数学老师施可旺对杨启业格外器重，非常喜爱这个聪颖又勤学好问的学生，常常对其课后开小灶，像父母一样关心杨启业，帮助他打开了一扇新奇的知识之门，不仅使他打下了扎实的数学根基，而且奠定了他一生的思维方式：科学严谨，精益求精。

杨启业的数理化成绩比较好，英文也有不错的基础，每次考试他都名列前茅。当时，学校会给学业成绩优异的学生颁发奖学金。不过，这“奖学金”却不是现金，而是两袋大米。对于一个贫困家庭来说，两袋大米能让一家人从容面对一段紧迫的生活。因此，杨启业得到的这个特殊奖励让养父母心里觉得很骄傲。只是他们没想到，杨启业的心中又有了新的学习目标，这就是报考南京九中。

当时的南京第九中学名冠全国，其前身是美国人办的教会学校。这所中学师资力量雄厚，教学设备完善，教学严明，拥有那个历史时期最齐全、最先进的物理、化学实验室设备。许多优秀学子都把考入南京第九中学作为目标，其中包括杨启业。

1951 年 9 月，南京第九中学面向全国招生，湖南、浙江、山东、河南等地的学生纷纷慕名投考。学校招生不限南京本地考生，只要考得好就收。为了学到更多更扎实的知识，在镇江第四中学读完高一的杨启业以优异的成绩考取了这所江苏省重点中学——南京第九中学。杨启业将要离开生长了 19 年的镇江，开始在南京的求学之路。

对于杨启业来说，镇江有着自己许多美好的记忆。“一江春水穿城过，江河湖山在城中”，说的便是镇江。

在盛行扬州戏的镇江，杨启业喜欢上了京剧。镇上的剧院里经常有京剧演出，杨启业上中学时教生物的老师在政府部门工作，来校兼职授课，他时常给穷学生们送来免费的戏票。杨启业虽然有许多时候听不懂京剧台词，却靠字幕看懂了很多剧情，一个个性格鲜明的人物在那一方舞台之上，唱念做打之间，道尽人世多少沧桑。

镇江这个历史悠久的江南古镇，在新中国成立初期即拥有了一座不错的体育馆。

小学和中学时代，杨启业最热爱的运动一直是足球，因为热爱，他踢得就比较好。每当驰骋在赛场上，他就感觉自己像正做着一场酣畅淋漓的梦。除了自己踢球，他还喜欢跑去体育馆看别人打篮球、踢足球。当时，驰名亚洲的“回力篮球队”有几名队员，到镇江执导球队，使镇江的篮球水平直线提升。杨启业在体育馆看到的一场场比赛使他年轻的心更加激动，更加热爱这些体育项目。

8. 南京求学

开学了，杨启业兴奋地跨入南京第九中学的大门。一入学，他就被严谨的校风所感染。他学习自觉而勤奋，在这里读完了高中二、三年级的功课，直到高中毕业。

一个人从小就要早早树立思想和目标，有了既定的思想和目标，学习钻研才有强大的动力。中学时代，每个人的奋斗目标不同。要考文科的，就要在文学方面下功夫。杨启业认定将来要报考最喜欢的工科大学，他的目标是搞国家建设最需要的工业专业，平时在数理化方面下功夫最多。杨启业也读过不少古典著作，广闻博见，思维开阔而活跃。

高中二年级的课程增加了解析几何和代数，这几门课都是杨启业喜欢的。代数使用的还是美国教材《范氏大代数》。虽然新中国成立了，但是全国的教材还没有统一编制。南北方使用的教材不太一样。南方以美国教材为主，北方以苏联教材为主，学生学习和掌握的知识也不太相同。杨启业最喜欢的数学教材中，有常州中学许纯芳老师编纂的《数学参考资料》，这本书通俗易懂，他和同学们都买来参考。

因为喜欢，加上勤奋，老师讲课时，杨启业理解得很快，作业也很出彩，考试成绩突出，引起了老师们的格外关注。对于喜欢学习的学生，老师们总是会有几分偏爱的，其中，数学老师徐汝梅就对杨启业的一生影响至深。

徐汝梅老师倡导“严细第一”，教代数和解析几何，课讲得非常精彩，她要求学生们养成对待问题要刻苦钻研、一丝不苟的求学精神。她说，在数学计算方面，如果没有“严细第一”的精神品质，差一丁点儿就有可能“全军覆没”。在徐老师的教导下，杨启业的数学成绩一直名列第一。有一次考试，一向考100分的杨启业被扣掉两分，得了98分。这个分数让杨启业认识到，自己在学习上还有很大不足。为此，他提高了自己的学习难度。只要是书本上有的习题，他必定全部做完，还在课后主动找一些参考书自学。放学后，杨启业常去徐老师家里请教，徐老师总是不厌其烦地批改这份“多余的作业”。

杨启业的领悟力很强，每次听完课后，当堂就能做出老师布置的习题。有一次晚自习时，徐老师看到有位同学因为解题遇到困难急得满头大汗，就走到他的身边低声说：“你呀，别跟杨启业比，他上课听懂了就能做了，你可能还没听懂，先复习一下再做。”徐老师的指导使那位同学静下心来学习，并逐步养成了良好的学习习惯。后来，那位同学以优异的成绩考进了上海外语学院。在南京九中，有一批徐汝梅这样的优秀教师。

有一位卞老师，一个人既教化学又教物理，讲课水平很高，对学生要求也严。他做实验从来不说中文，并要求学生全说英文，连物理及化学的实验报告都要用英文完成。卞老师的理念是，学生们要培养综合素质，大学时期有些课程都是用英文来讲授的，如果不重视学习英文，其他课也会受到影响。

至于英文老师更是专业，有位英文老师曾在国民政府驻外使馆任过职，英文水平很高。他教英文更注重学生的实际应用，不像数学、物理、化学等科目总是要学生做题，但要求学生背英汉辞典。在老师的教导下，一本英汉字典跟随杨启业度过了整个高中生活，整齐的边角“啃”得都翻卷起来。高中时期打下坚实的英语基础，使杨启业后来从事设计工作如虎添翼。

高中时期使用的物理教科书是严济慈先生编的。在杨启业心目中，严济慈是位令人崇敬的大科学家。这种崇敬也使杨启业对物理的学习非常认真，书中的各类公式、单位换算全都牢牢地记在脑子里。许多年后，杨启业走上了科研道路。这时的他才发现，严济慈编写的教科书对自己帮助是如此之大。

老师们讲课时都非常强调打基础，要求重要知识点必须会背。杨启业遵循老师要求，无论是数理化还是英语，都掌握得很好。他也因此获得了全额助学金，食宿费、书本费、学杂费都不用家里花钱，为家里节省了一大笔开支。

在勤奋和专注中，杨启业平稳度过了他的整个高中时期。

南京第九中学以教书育人而著名，许多曾在这所重点中学读书的学子，后来成长为我国各个领域的高级技术人才或专家。在这座充满挑战的“求知乐园”里，扫尽难题的自豪感给杨启业的高中时代注入了更深层意义的营养，同时让他形成了无比重要的世界观、人生观、价值观。

9. 怪病来袭

从小时候到退休之前，杨启业住过两次院，一次是在南京，一次是在北京。

1951 年冬天，正读高二的杨启业患了一种名叫“BOX”的怪病。

一个寒冷的冬夜，杨启业的左腿开始莫名疼痛。疼得无法入睡的杨启业走出屋门，挽起裤腿站在雪地里，在左腿四周堆起雪冻一冻，试图用麻木对抗难忍的痛。

这样如法炮制坚持了几天，本以为靠毅力挺过去的杨启业，腿部疼痛更加剧烈。白天开始高烧，困顿乏力，瞌睡不醒。为了降温，杨启业到学校医务室买点酒精擦在腿上。不久，酒精也失去了效力。夜里腿疼得睡不着觉，却偏偏饭量大增。一顿能吃八碗饭，这奇怪的病症残酷地折磨着他。班主任老师催促杨启业：快到医院里去看看吧，不能拖！于是，杨启业去南京鼓楼医院就诊。

此时正值抗美援朝时期，许多医生去了前线，留守的医生经验不足，看不出杨启业到底患了什么病。杨启业无奈，回到学校向班主任报告。班主任建议他再去华东军区医院(原国民党中央医院所在地)试试。校学生会主席安慰杨启业：医药费由学校负担，只管安心治疗吧。

华东军区医院接诊的是位老教授，他让杨启业把腿抬起来。杨启业一抬腿，腿上青筋顿时高高凸起。

老教授说："这病名叫 BOX，你是我接触到的第三个患者，必须住院。"在办理住院时得知，病房床位紧张，无法入住。见此情况，老教授写了一个条子给住院部："必须把这位同志安排住院，否则将失去医学的意义！"

杨启业拿着教授开的条子再到住院部，得以顺利入院治疗。

这所医院的医护人士都非常敬业，热心的护士经常跟少年杨启业聊天，帮助他度过了一个个疼痛难忍的不眠之夜。

一天早晨，老教授征求杨启业的意见：我带学生来你病房讲课，你同不同意？

杨启业毫不犹豫地应允了，他觉得能为医学事业做点贡献，也是很自豪的事。他看着老教授耐心地为学生们讲解疾病的诊断和治疗，学生们全神贯注地听，不时还提出问题请教老师。杨启业心里突然想念起了学校的老师和同学。

经过十几天治疗，老教授决定给杨启业做穿刺，并在此基础上准备手术。在做好手术前的一切准备后，杨启业被护士推到了手术室门口。此时，他忽然感觉腿部的疼痛消失了，无论怎么活动，竟然一点也不疼。于是，手术停止，他又被推回了病房。经过反复检查，医院通知他可以出院了。这个病来得突然，去得更突然，实在让人惊奇。

那位教授仍然放心不下，在杨启业出院时，给他留了联系方式，两三叮嘱他：这个病如果再犯，一定联系我。杨启业心怀感激之情，把这张纸条保存起来，一直到多年之后，由于多次搬家，才遗失掉了。而那个名为“BOX”的怪病再也没有打扰过杨启业的生活，

一场怪病，意外地磨炼了杨启业的意志力，他的生命力更加顽强。

10. 与石油工业结缘

1953 年 7 月，杨启业即将从南京第九中学毕业，他面临着一个重大抉择：应该报考哪所大学呢？毕竟选择一所学校和相关专业，是人生很重要的事。

就在高考前夕，他收到了南京第九中学一位学长李建林的来信。这位学长比杨启业早一年毕业，考进了清华大学石油工程系。李建林对祖国急需人才的现状非常了解，对同校学友的关心促使他写来这封信。李建林在信中激情洋溢地介绍了他所报考的专业跟祖国石油工业发展的密切关系，建议学习优异的杨启业也报考清华大学石油工程系。李建林大学毕业后，被分配到了兰州炼油厂工作。

在李建林的启发下，杨启业决定报考清华大学石油化工系。此时的杨启业并不了解石油工业对新中国的重要作用。新中国百废待兴，西方资本主义国家对中国的国民经济和科学技术进行了严密的封锁。在这一时期，中国的石油、石化工业经历着异常艰苦的岁月。20 世纪 50 年代，党和政府领导全国人民大力实现工业化，引

领国家走向富强。人们不会忘记，在当时的中国，许多城市的公共汽车由于缺少汽油而不得不背上一个沉重的煤气包。在共和国诞生之初，全国只有老君庙、延长、独山子等几个小油田，总共只有 8 台钻机，年产原油仅 12 万吨。面对如此严峻的形势，共和国领导人感到无比焦虑。要发展石油工业，必须从培养石油人才开始。

毛泽东主席说，要进行建设，石油是不可缺少的，天上飞的，地上跑的，没有石油都转不动。朱德副主席说，为了适应各方面的需要，石油工业要百倍发展。国家的发展强大急需大批专业人才，许多青年把奋斗目标锁定在理工科上，满怀一腔热血为祖国贡献力量。

1953 年，新中国经过 3 年努力，制定了大力发展石油工业的基本方针，开始实施第一个五年计划(1953—1957 年)。为支持新中国的经济建设和石油工业发展，清华大学石油工程系即将成为北京石油学院石油专业建设的“摇篮”。早在 1952 年末，北京石油学院的筹建工作就已启动，这是石油管理总局(当时属于燃料工业部)做出的决策。时任代理局长徐今强到苏联考察时，专门参观、调研了莫斯科石油学院，回国后向燃料工业部提出建立北京石油学院的请求。燃料工业部部长陈郁向周恩来总理汇报，总理首肯后，筹建工作启动。新中国成立初期，全社会“一面倒”“学习苏联”“以俄为师”正盛行，北京石油学院的筹建参照苏联莫斯科石油学院的蓝本。

1953 年，在周恩来总理的指示下，新中国第一所石油高等院校——北京石油学院正式创立，以清华大学石油工程系为基础，汇聚了北京大学、天津大学等高校的石油石化等专业，分为石油钻井、石油开采、石油炼制、石油储运、石油矿场机械、石油炼厂机械等 6 个系。1000 多名来自清华大学、北京大学和大连工学院等院校的师生，会集到今天的北京海淀区学院路 20 号，实现了“当年筹建、当年招生、当年开学”的预期目标，从此揭开了我国石油石化领域高等教育的序幕。

高考之后，杨启业以优异的成绩被北京石油学院炼制系石油工学专业录取，成为这个学校建校以来招收的第一批学生。1953 年 10 月，21 岁的杨启业到北京石油学院报到。

在长长的火车汽笛声里，杨启业告别家乡，离开烟雨蒙蒙的江南，一路北上，奔赴秋高气爽的北京求学，他的生活即将翻开新的一页。

第二章

铸造太阳之魂的地方

1. 太阳之魂

石油，被喻为工业的血液、黑色的金子。石油工业是国家建设的重要基础产业和支柱产业。石油作为重要能源，就像太阳一样给人类送来了温暖和光明。从事石油事业的人们，把光和热奉献给社会，把艰难困苦留给自己，因此被称为太阳之魂。一所培养石油领域专门人才的高等学府，就是铸造太阳之魂的地方。

按照英国教育家纽曼的话来说，大学的职责是提供智能、理性和思考的练习环境，让年轻人凭借自身所具有的敏锐、坦荡、同情力、观察力，在共同的学习、生活、自由交谈和辩论中得到受益一生的思维训练。

杨启业的大学时代，奠定了他一生的事业根基。

当杨启业跨入北京石油学院的大门时，眼前的一切有些出乎他的意料。学校的围墙里面，一半是庄稼地，一半是个大工地。杨启业等第一批新生入学时，北京石油学院给每个学生发了一枚建校纪念章。一个人的未来和一座新建学府同时起步，这是件多么有纪念意义的人生大事！

1953 年年初，中央人民政府政务院批准北京石油学院的基建任务时，学院所在地——海淀区九间房村还只是一片田野。从设计到完成 3 万平方米的建筑面积，总共只用了半年左右的时间。

1953 年 10 月 1 日，学院在半是工地、半是田野的校园举行开学典礼后，繁重的建校任务仍旧压在师生们的肩头。学院正处于边建设边上课的阶段，一排临时建成的屋子是教室，一栋尚未完全投用的"工字楼"兼作教研室、图书馆、医务室、教工宿舍。当年的老校友回忆建校初期的生活时，曾编过这样一段顺口溜："露天上课不分心，住着工棚不怕苦；只学文化不满足，业余劳动来弥补；主楼建设送过砖，教学工地抬过土；红旗操场铺过道，青年园里种过树。"就是凭着这样的精气神儿，学校进入了边建设边发展的良性循环，始终站在我国石油高等教育的最前沿。

这个时候的中国还是一穷二白，生活条件十分艰苦，但是学校的师生们却是朝气蓬勃。苏联专家说，莫斯科石油学院的学生们穿的是公费制作的呢子衣服，而中国学生们穿的衣服是清一色的蓝布衣，校园里到处流动着朝气蓬勃的蓝。

在这样艰苦的条件下，杨启业开始了4年不同寻常的大学生活。浓厚的学习氛围，让青年时代的他如鱼得水，在知识的海洋中不畏疲倦地游弋。

2. 名师荟萃

随着对学校的不断了解，杨启业突然发现，在自己的学校里竟然会聚着那么多名师。清华大学石油工程系是北京石油学院的"摇篮"，当年建校时，清华大学支援了一支能够胜任的师资队伍，包括一批著名的专家、学者，如胶体化学家傅鹰、地质学家张更、化学家张锦，化学工程专家曹本熹、武迟、朱亚杰，石油工程及其他学科的专家王敬、白家祉、张希陆、蔡伯民、甘怀新、周世尧、赵仁寿、王曰才等。正是这些专家、学者，构成了我国早期石油教育的脊梁。这些全国著名的专家、教授是各个领域里的学术带头人，将自己平生所学毫无保留地教给了学生，贡献给了石油事业。

教务长曹本熹教授于20世纪40年代留学英国，是英国皇家学会会员，曾于1946年筹建清华大学化工系，担任首任系主任，在带领清华大学化工系转入北京石油学院后，使北京石油学院的炼油化工成为当时国内最强。

石油炼制系的系主任武迟教授，20世纪30年代毕业于清华大学，曾在美国工作十多年，石油化工工作经验丰富，回国后积极参与创建了清华大学石油系。全国高等院校进行院系调整，他与其他同志一起以清华大学石油系为基础参加筹建北京石油学院，相继担任教授、系主任和副教务长，并兼任研究生导师，为石油炼制工业的发展培养了大批科技人才。调离北京石油学院后，曾任北京石油炼制研究院总工程师。

炼油教研室主任杨光华教授，1951年在美国获得化工博士学位后归国。

石油炼制系的化学教研组组长傅鹰教授，教授普通化学、物理化学，曾在美国留学及工作多年，是国内外著名的胶体化学专家，后任北京大学副校长。

北京石油学院石油炼制系还有原来在清华大学十分著名的“八大夫人”，即当时曾在清华大学石油系化学教研室任教的女教师：张锦教授（傅鹰教授夫人）、魏娱之副教授（曹本熹教授夫人）、孙怀琳副教授、张履芳副教授（清华大学机械系郑林庆教授夫人）、唐伟英副教授、徐述华副教授（北京大学一位副校长的夫人）、王君钰讲师（武迟教授夫人）、田曰灵教授（北京大学一位教授的夫人）等，负责讲授物理化学、分析化学、有机化学、无机化学等化学及化工基础课之“四大化学”课，授课内容生动、神采飞扬，听者如云、座无虚席，教室没有座位时，不少学生宁肯站在窗外也要听课。

一代名师，对杨启业的一生修为产生了极为深远的影响。

3. 效法恩师

傅鹰是杨启业最钦佩、对他影响最深的人生导师之一。

傅鹰，字肖鸿，1902 年 1 月 19 日出生于北京，祖籍福建省闽侯县，物理化学家和化学教育家，中国胶体科学的主要奠基人。他献身科学和教育事业长达半个多世纪，对发展表面化学基础理论和培养化学人才作出了贡献。他倡导在高等院校开展科学研究，创建了我国胶体化学第一个教研室，并培养了第一批研究生。

民国时期的国内局势动荡，傅鹰移居美国多年，任教、专心做学术研究，很多知名化学家都是他的学生。新中国成立前，他曾回国省亲，看到国民党政府的黑暗一面，又失望地回到美国。就在傅鹰教授踌躇满志又倍感报国无门之际，闻名中外的“紫石英号事件”爆发。

“紫石英号事件”，是中英作战史上英国人第一次对中国军队挂出白旗，这一事件被认为标志着英国等列强对中国“炮舰外交”的结束，大长了中国人的志气。

中国人赶走了英国人的战舰——这个报纸上登载的消息让远在美国的傅鹰、张锦欢欣鼓舞，夫妻俩毅然决定回归祖国的怀抱，为新中国的发展贡献全部智慧和力量。爱国的傅鹰看到了中国的希望：解放军敢打英国列强的船，共产党领导下的中国必定有前途！

1950 年 8 月，傅鹰、张锦夫妻离美归国，1950 年 10 月到达北京。傅鹰先生回国后，国家给了他应有的待遇。

至今，杨启业仍记得傅鹰教授在创刊于 1934 年的《化学通报》上刊载的一篇文章：《献给当局三点意见》。傅鹰在文中讲述了他是怎样回国的，他回来不为贪图享受，就是要把心全部交给祖国，培养出超越美国人的优秀学生，把祖国建设好，把学生教好。

“科学给人知识，历史给人智慧。”这是傅鹰先生的至理名言，这是一位优秀科学家的经验结晶，这是足以能引起人们产生共鸣的真知灼见。

傅鹰这样教导学生们：“学习科学中的定律、定理、学说等，可以得到知识，然而了解这些知识的产生背景和过程，科学概念变迁的来龙去脉，前人为寻求这些知识所付出的代价、走过的弯路，汲取前人的教训，避免重蹈覆辙，从而有助于在科学研究中取得成功，这才是宝贵的财富，才会使人聪明。”

正是在傅鹰教授的谆谆教诲中，杨启业开启了大学时代严谨求学的历程。名师引路，杨启业成了一位幸运的学子。从这时起，杨启业决心效法傅鹰老师，做一名合格的科技工作者。

4. 求知若渴

在国家极度缺乏石油专业人才的20世纪50年代，北京石油学院的教学目标是为国家培养优秀的石油工程师。在一个朝气蓬勃的时代，在这里聚集了一批朝气蓬勃的师生。从建校那天开始，求知、探索、创新就成为北京石油学院师生的共同目标。刚刚踏入校门的杨启业，更是求知若渴。

杨启业清楚地记得，大学一年级课程有中国革命史、俄语、高等数学、微积分、画法几何、解析几何、无机化学、物理化学、分析化学、机械制图、物理学、体育、政治等。他深知学习是件非常辛苦的事，四年的大学生活将充满考验和挑战。无论哪一门课，都要以满腔热情去学习。

为此，他除了上课认真听讲，到图书馆查阅参考书外，还经常逛王府井书店买参考书，从中学习新的知识。一天，杨启业无意间在书架上发现了常州中学许纯芳老师所著的数学书，他不禁喜出望外，因为许老师的数学书对他加强大学的数学学习有很大帮助。于是，他高兴地把书买回了家。

在大学一年级期间，解析几何这门课教学进程很快，有些基础差的同学跟不上趟儿。杨启业高中时期学过两年，因此学习比较轻松，成绩也好，他也因此成为数学课代表。在数学课程中，杨启业花功夫最多的一门课是画法几何。这是识图画图的基本功，杨启业是第一次接触，因而在这门课上下的功夫也大，每到星期天，他都会用一天时间专门学习这门课。

杨启业觉得，上傅鹰教授的课是最累的。傅鹰教授同时担任化学教研组长，他教普通化学和物理化学两门课，讲起课来语言精辟。他问“谁见过没有皮的馒头?”以此来比喻表面现象的普遍存在及其重要性。他生动而风趣的语言给学子们留下了深刻的印象。傅鹰两手都能写字，左右手写得都非常漂亮，上课时两手都不闲着：右手写字，左手擦黑板；左手写字，右手擦黑板。傅鹰教授的讲课水平很高，进程很快，跟上他跳跃的思维很不容易。

傅鹰教授是位相当有个性的老师，他允许学生带书进考场，别的老师不会允许考试时带书。同时，傅鹰规定考试时间一到必须交卷子，不交卷子的判零分。如果学生的考卷答得跟他讲的一样，大概也就得三分的及格分，知识运用灵活、发挥得好的学生才给五分。他经常会批评照搬教材的学生：“你是留声机啊，不会举一反三啊?”傅鹰的教学目的是培养人才，培养学生的创造力，以使其将来能够学以致用，而不是单纯的死记硬背、不知变通、人云亦云。

傅鹰教授的爱人张锦教有机化学。他们两位都是在美国成长起来的著名化学家，两人的共同特点是都不用苏联的教科书——别的老师效仿苏联，只有他们夫妇俩不学。也曾有人对他们不用苏联教材提出意见，傅鹰教授说：“苏联还要学我呢，我为何学他？”他有时用在厦门大学时编写的教材，有时用他自己刻印的教材。他俩讲课，学生只能记课堂笔记。但是，学生们反映，听他们的课很受启发，便于掌握和实际运用。

杨启业跟着傅鹰养成了一个好习惯——就是“做实验”。傅鹰教授的教学主张是，教学实验必须保持一定的数量，提高质量，严格要求。这样才能训练学生动手、观测、查阅、思维等各方面的能力，从而使学生得到分析问题和解决问题的训练。这一习惯的养成，使杨启业终身受益，帮助他在科学的道路上不断攀登新的高峰。傅鹰教授有句名言，杨启业终生不忘。傅鹰教授说：“石油化学是一门实验科学，不是从理论推导出来的，必须做实验，得出来的结果才可靠。”傅鹰教授曾在美国做研究，在理论推导这条路上探索了两年，没有任何进展。从理论推导出结论而不做实验，这是条弯路。傅鹰教授告诉杨启业：“你切切记着，先有实践后有理论，理论源于实践，化学推导出来的结论不够好，实践证明了的才是对的。”

杨启业刚进大学时，学校还没有专门的实验室。大一第一学期结束时，实验室终于建成投用。学校决定不放寒假，让所有的学生补上实验课。化学是很重要的基础专业课，做实验对学生掌握知识尤为重要。在学校的安排下，杨启业和同学们没回家过年，一直留在学校做化学实验。

在实验室里，杨启业明白了一个又一个化学原理。比如，为什么做菜的时候要加醋、加酒呢？醋加上酒就起反应生成乙烯水杨酸，乙烯水杨酸的味道闻起来是非常香的。这堂普通化学实验课上萦绕的香气，他至今记忆犹新，印象非常深刻。

杨启业记得非常清楚：“1953 年，学校为了保证我们做实验的准确性，专门从德国进口了一批实验用纸，一块钱一张。当时一块钱人民币能买好几斤带鱼，就是因为这种体积比较大的纸燃烧完以后测量不占重量。那时候，国家那么困难，学校还舍得花这个钱，就是为了培养出高质量的合格大学生。”

实验课上，傅鹰教授耐心地给学生们讲解试管等器具要怎么刷才干净、怎么样做出实验才准确，事无巨细都讲得清清楚楚。在做人做事上，傅鹰教授给杨启业树立了一个新的人生榜样。杨启业一辈子都牢牢记在心里，成为指导他终生注重实践探索的准则。

杨启业发现，大学期间的许多普通化学实验，他在高中阶段几乎都做过，所以做起来得心应手，包括刷试管，他都做得很熟练。南京来的同学基本都能熟练做实验。而来自东北和四川的同学大都没接触过，学起来就比较吃力。看到这种情况，杨启业深深体悟到，能在一所优秀的中学里接受基础教育是多么幸运，打好基础必将终身受益。

在紧张的学习之余，杨启业很喜欢踢足球，这也是他自童年起就十分热爱的一项运动。他喜欢足球，是因为足球体现了一种勇往直前的精神。但是，同学的一次意外事故，使他由球员变成了“球迷”。

大一第二学期，班级之间经常开展足球赛。有一次，比赛进行得正激烈，球场突然响起骨折声，他看见一位同班同学瞬间倒在地上——腿被踢断了！杨启业惊出一身冷汗：足球原来也这样危险。

那位同学是民国时期著名学者、中国早期著名地质学家翁文灏的亲戚，家人从事医学工作的不少。家人把受伤的他送到医院，用铁钉把腿骨接起来，休学一年养伤。其间，这位同学还经历了退学休养和重新复学的几次反复，直到1957年重新回学校读书，因而比杨启业晚毕业了好几年。这位同学毕业后被分配到大庆炼油厂工作。

这次事故让杨启业感到，因为治疗腿伤耽误学业，很不值得。从此下决心不再踢球，专心做一个球迷，让勇往直前、奋不顾身的足球精神激励自己勇往直前。除了一开始喜欢踢足球之外，杨启业课余时间也看小说，当时热销的郭沫若的所有小说他都看完了。这个时候的北京石油学院，学习气氛非常浓厚，当学生们投入学习的时候，外界的事很难打动他们。有一次，相声表演艺术家侯宝林到学校慰问演出，他们班的同学都在教室里学习，竟然没有人去看。

5. 课程的深化

1954年，杨启业读大学二年级。课程有高等数学、物理学、有机化学、理论力学、马列主义基础、中共党史、俄语、分析化学、热力学及热工学、材料力学、水力学(流体力学)、物理化学及胶体化学、普通化学、工学、体育、认识实习。炼油方面的专业课包括炼油、常减压、催化裂化、延迟焦化、酮苯脱蜡、糠醛精制、粗酚精制等内容。杨启业做了大量相应实验，其中就有催化裂化实验。

这个阶段的学习，同样需要参考大量资料。在20世纪50年代，中国全面学习苏联，无论是政治书籍还是经济书籍，都以俄文图书为主，英语书籍比较匮乏。受傅鹰影响的杨启业，在学习了俄文资料外，还在千方百计地寻找英文书，两相比较拓宽眼界。杨启业通过自己的努力，从一位同学手中借到了美国学者纳尔逊编著的《炼油工程》，如饥似渴地精心研读。

也正是在这一年，北京石油学院新盖的炼化楼投入使用。这座楼投用不久，傅鹰教授就调到了北京大学。据说是因为这座楼的选址紧靠马路边，对实验结果有所干扰，导致做出的实验不可靠。本来就对选址有意见的傅鹰感到很不满。傅鹰到北京大学后当了副校长。

在这个学习阶段，有傅鹰教授的爱人张锦教授讲的有机化学课，第一讲是乙炔。杨启业深感惋惜的是，在漫长的时光里，他把这些都忘掉了。还有一门课叫建筑概论，现在的炼油专业课里已经取消。当年的北京石油学院之所以设置这门课，是因为这门课的内容涉及如何建厂选址、如何建设，为将来全方位培养工程师未雨绸缪。

电工课则用的是苏联教材，主要内容是计算电力控制系统、定时等。

6. 第一次实习

大学二年级的时候，有了实习课，杨启业到大连石油七厂实习。这也是他进入大学后第一次实习。

因为到大连的火车票比较贵，杨启业和同学们决定坐船去大连。他们先坐火车到天津，在天津等了一天，晚上坐上去大连的轮船。说是坐船，船舱里却没有座位，同学们就睡在船舱的地上。船行进在海上，一阵阵的风浪使船晃得厉害，好多同学呕吐不止。只有杨启业没有呕吐，他说：也许自己的身体素质与中学时代重视体育锻炼有关，一直不错，“海陆空”都不晕。

他还举过一个例子。有一次在课堂上，同桌发现杨启业低垂着头昏昏欲睡，伸手一摸，额头滚烫，赶紧催他到学校医务室看看。杨启业来到医务室一量体温，居然超过了 40℃。医生也吓了一跳，经过紧急检查，确定杨启业是得了阑尾炎，要做手术。当担架车推到手术室门口的时候，杨启业感觉自己的肚子竟然又不疼了。于是，手术也没做，回到宿舍休息。经过一段时间的保守治疗，阑尾没再疼过，他认为这段经历也说明了自己的身体素质是不错的。

当时，北京石油学院对学生的身体健康很重视，毕竟身体是革命的本钱。学院给每个大学生定下了长跑指标并按时登记，每年跑的路程累积起来要达到一万里，长度相当于从北京到莫斯科。有的学生认为有每天长跑的时间，不如多看会儿书。曾得过胃癌的水力学老师用亲身经历告诫他们，一定要把身体养好才能做事。

在大连石油七厂，杨启业第一次了解了炼油的工艺流程，了解了工人的具体操作过程，初步学习了如何处理各种生产问题。

当时，大连石油七厂炼制的原料是库页岛油，通过常压塔炼出航空煤油。那个年代根本没有仪表，更没有自动控制设备，加热炉出口温度、塔顶温度、流量等，全靠人的经验操控判断。工人值班是很累的，一直在现场盯守。在杨启业眼中，工人们的技术水平非常高，比如他们想知道常压塔的加热炉出口温度，就通过一个热电偶判断反应温度。怎么实现流量计量呢？当时使用的是往复式泵，工人们了解泵缸的体积系数，再通过人工数冲程，数缸一分钟走了多少下，就把流量算出来了。

不过，在这个时候，苏联援助的物资陆续运到中国，大连石油七厂也开始安装控制仪表，并很快普及全厂，减轻了工人的劳动强度。杨启业在大连石油七厂实习了一整个暑假，获得了大量的第一手经验。

7. 夯实根基

真正学习与石油有关的课程，是从大三开始的，主要课程有石油及天然气工学、石油加工过程及设备，还有物理化学及胶体化学、机械原理机械零件、热力学及热工学、政治经济学、石油化学、电工学及电气设备、热力学催化原理、机械原理机械零件课程设计、石油工学课程设计、生产实习等。

国家创建北京石油学院的目的就是要大力培养石油行业的工程师，让大学生们走出校门就能胜任工作，所以给学生们安排的课程比较杂，学生们什么都要学，什么都要懂，土建要会，泵要会，压缩机要会，水力学要会，石油化学、石油工学都要懂。

在这些课程中，反应动力学是最难学的。炼制系第一任系主任武迟教授教反应动力学。第一天上课之前，武迟教授问课代表杨启业："你们班同学物理化学学得怎么样？如果没学好的话，到我这里听反应动力学课就相当于坐飞机一样，脑袋会嗡嗡的，云里雾里弄不明白的。"事实果真如同武迟教授预料的那样，这门课不好学，不少同学因为不及格而降级重学。为了敦促学生学得更扎实，武迟教授每堂课都要小考一次。他说，要通过考试，看看同学们对知识点的接受程度，同时也是对自己教学水平的检验。

武迟教授的课讲得非常精彩，旁听生很多，外面学校的老师也常有加座来听讲的。侯祥麟院士曾写过一篇纪念文章谈到武迟，对他充满敬佩之情。武迟教授在美国学习生活期间，积累了大量的手记资料，那些都是无价之宝。他在课堂上，结合课本把这些实用的手记讲出来，大家听了感觉很实用。所以，在北京石油学院里，武迟教授的课深受学生欢迎。武迟教授在教学的同时，还主导着全院催化裂化方面的研究工作，他的研究课题和勤奋钻研的精神，对杨启业影响极大。

1958 年，武迟调任石油工业部生产技术司总工程师，负责生产技术组织管理工作，对合理利用大庆原油资源、加强炼油厂的挖潜改造、提高炼油厂生产能力和产品质量以及采用炼油新工艺"五朵金花"的工业应用等做了大量组织工作。"文革"后，他担任燃料化学工业部石油化工科学研究院副院长兼总工程师，全面负责科研规划和开发工作，亲自主持催化重整和提升管催化裂化等新工艺的开发。

在大三的课程中，石油及天然气工学共有四册书，选用的是苏联教材，由教研室主任杨光华授课。苏联教材结合实际比较好，与实践结合的知识点比较多，学生们容易接受和掌握。其中，有部分内容讲到了美国人开发的催化裂化炼油技术。杨启业买过一些苏联专业书，从中学习借鉴了很多有用的东西，对他以后的设计工作帮助很大。石油炼制课的老师是苏联的库兹聂佐夫教授，他讲课一直使用俄语。除了学习炼油工艺加工方法和加工流程外，杨启业还学习了与工艺有关的泵、压缩机、机械零件、工程制图、建筑概论等课程。他认为，系统学习这些理论知识，在以后的现场实习中能起到提纲挈领的作用。相比大学二年级，大学三年级的实习比较多，也比较全面。

杨启业的实习单位在抚顺石油一厂。石油一厂成立于 1928 年，当时为南满铁道株式会社抚顺矿碳临时制油工场建设事务所。1929 年 11 月，改称为抚顺碳矿制油工场，1930 年 2 月投入生产，主要以炼制页岩油来提炼人造石油。新中国成立后，其作为全中国最早的石油炼制工厂更名为石油一厂。这个厂有着“中国石油第一厂”“中国炼油工业的摇篮”的美誉。2011 年 3 月，石油一厂所有装置全面关停。石油一厂的发展历程映射着中国炼油工业的发展历史，随着大庆油田被发现，石油一厂实现了从加工人造石油转为炼制天然石油的里程碑似的跨越。

在石油一厂，杨启业和工人们一起倒班，8 小时顶岗实习，他悉心观察学习了各工序的工作原理，实地观察装置性能和工艺流程，包括常减压、热裂化、冷榨–发汗脱蜡、氨压缩机等。因设备原始、操作落后，氨压缩机泄漏频繁，厂房里气味呛人。在硫酸厂实习相对轻松，气味要小一些。硫酸对人体危害比较严重，所以硫酸厂的饭补高、饮料给得多。在石蜡厂实习最累，汗淌得一塌糊涂，每天给五瓶饮料。热裂化厂给实习生四瓶饮料。所谓饮料，就是在水里面添加二氧化碳，人一喝下去就冒气，相当于后来的汽水。

尽管很辛苦，杨启业却十分珍惜所有的实习机会。不仅杨启业，所有的学生都非常认真地实习，因为从美国回国的教授们告诉他们，在这时的美国，为防止技术泄密，各企业是不允许学生到工厂实习的。中国学生现场实习机会多，非常幸运，同学们要抓住机会多掌握知识，从中学习本领。

从课本知识到现场实习，杨启业十分刻苦，旺盛的求知欲促使他发奋读书、艰苦实践，他犹如一棵把根系伸向沃野的树，努力地汲取深厚的知识养分。

8. 毕业设计

进入大学四年级，杨启业的主要任务是实习、做毕业设计和写毕业论文。

大学四年级的课程有石油工业经济及企业组织与计划、电工学及电气设备、石油及天然气加工过程及设备、仪表及自动化、发动机燃料制造、保安及防火技术、石油加工课程设计、毕业实习、毕业设计。杨启业在继续认真学习课程的同时，也在积极做好毕业设计。为此，他学习了不少关于毕业设计的资料，其中以苏联的资料为主。

苏联资料对芳烃技术讲得比较多，芳烃可以生产汽油，辛烷值很高。为芳烃的性能所吸引，杨启业对芳烃产生了浓厚的兴趣。同时，他省吃俭用买了一本《化学反应热力学》，书中关于化学热力学、反应动力学的章节讲得比较好，还有许多在毕业设计中能使用到的公式。杨启业从中受益匪浅。

选择毕业论文题目时，杨启业填报的第一个意愿就是芳烃，第二意愿是热裂化。第一个意愿没有得到学校的批准，因为生产芳烃的车间是保密的，还没有公开，学校早已选定两名同学去锦州石油六厂做芳烃毕业设计，毕业后就分配在锦州。其中一位同学，后来当了锦州石油六厂的副厂长。杨启业只有选择第二个意愿，以热裂化为毕业论文的主题，论文导师是左鹿生教授。

为此，杨启业再到抚顺石油一厂热裂化车间实习。实习期间，杨启业的首要任务是“泡”抚顺石油一厂档案室，翻阅厂史资料，了解建厂历史。一共停工了多少次，为什么要停工，哪个地方出了问题，这些内容要写进毕业论文。

冬天在东北实习，人是很遭罪的。实习期的艰苦，锻炼了杨启业的毅力。

每天早晨，杨启业去档案室查资料，都要走过火车道上的天桥。高高的天桥，寒风刺骨，冷得让人受不了。因为天寒地冻，地上的雪持久不化，天桥上的雪冻成了溜滑的冰。在这里，杨启业不知道摔了多少个跟头。从天桥上走下来，进工厂就更难受了。窗户是两层的，关得严严实实，刺鼻的气味闷得散不出去，熏得人喘不过气来；暖气供给特别足，又热得人受不了。实习结束返回的时候雪开始化了，踩得满脚是泥。

在抚顺石油一厂，杨启业第一次了解到热裂化并不是一种单一工艺，而是有很多形式的热裂化。热裂化装置的流程和工艺特点是：原料换热升温，先从加热炉裂化一部分出来，再到一个高压反应塔，延长时间后到高压反应器(压力达到二十几个大气压，并不是特别高，太高容易结焦，不利于长期性运转)，经过一个减压阀，之后到高压蒸发塔，然后再到分馏塔，这个流程叫“达普斯流程”。当时拥有这种流程的炼油厂有抚顺石油一厂、大连石油七厂、上海炼油厂、玉门炼油厂等。

在石油一厂的实习让杨启业大开眼界，对他今后做设计工作帮助很大。

实习结束后，杨启业回学校做毕业设计、写论文，辅导老师是袁乃驹教授。

袁乃驹是从清华大学调到北京石油学院任职的，后来又调回清华大学任教授。据他的同班同学李昌瑴(原北京石油设计院总工程师)讲，在清华大学读书期间，袁乃驹考试总是第一名，是学子们学习用功的榜样，毕业后留校任教。调到北京石油学院后，袁乃驹给系主任武迟当助理。袁乃驹是 1947 年考入清华大学的，那时，他的同班同学滕藤闹革命，没有时间念书。袁乃驹就给滕藤写几条要点，告诉他把哪些弄会了，考试肯定能得 80 分。滕藤后来担任过中宣部副部长、中国科技大学校长。袁乃驹后来从北京石油学院调到四川原子能研究所，从事核潜艇的研究，1980 年以后，回到清华大学任化工系副主任。

强将手下无弱兵，在袁乃驹教授的指导下，杨启业在毕业论文里分析了热裂化的设备大小、吸收稳定部分、分离过程、产品收率等全套流程，写得相当出色。1958 年，四川石油学院成立时，从北京石油学院分去的一批老师把杨启业的热裂化毕业论文带走了，作为毕业论文的样本在四川石油学院传播。曾经有个四川石油学院毕业生到北京设计院实习，在与杨启业交流时，欣喜地讲了毕业设计范本这件事，杨启业还感到很意外。

20 世纪 50 年代的大学，教学非常严格。在北京石油学院，成绩合格的发给毕业证书，一门不及格的降级，两门不及格的肄业。杨启业的 32 名同班同学中，只有 16 人拿到了毕业证书。其他同学有的留级，有的肄业。

9. 经历“一五”计划

杨启业在大学里勤奋学习的四年，正是新中国推行第一个五年计划(1953—1957年)时期，个人命运与国家命运息息相关。

1953—1957年是中国实施大力发展国民经济的第一个五年计划时期。“一五”计划是在党中央的直接领导下，由周恩来、陈云同志主持制定的，1955年7月经全国人大一届二次会议审议通过。至1957年，“一五”计划超额完成了规定的任务，实现了国民经济的快速增长，并为我国的工业化奠定了初步基础。

“一五”计划期间，兰州炼油厂是苏联对新中国工业领域的156个援助项目之一，也被称为“共和国的长子”。兰州炼油厂的建设包括热裂化项目，主要用于生产汽油。

兰州炼油厂是新中国成立后，石油化工行业的第一个大工程，因此，国家给予了高度重视。大批工人和技术人员从抚顺石油一厂、大连石油七厂、上海炼油厂、玉门炼油厂调来，投入建设和开工生产中。但是，因为当时没有统一的操作法，开工并不顺利，经常出现结焦等问题。这种情况很快反馈到北京石油学院，专家教授们也纷纷针对这些问题发表见解，杨启业耳闻目睹深受启发。他深切体会到：从理论到实践，有很多难题要解决，还有很长的路要走。如何运用学术知识解决生产难题，成了杨启业今后的奋斗目标。

10. 走出校门

1957 年，对杨启业来说，是不寻常的一年。在这一年里，他告别学校，走向工作岗位。也是在这一年里，他的母亲突然去世，让他悲痛不已。

大学四年级上学期即将结束，正准备参加期末考试的杨启业收到一封家里发来的加急电报：母亲病危。这一消息让他心急如焚。由于家境贫寒，杨启业的四年大学全是靠每月的助学金读下来的。这 4 年来，尽管十分想念家乡和亲人，他却一直没能回家探亲。得到母亲病危的消息后，他一时有些手足无措。

得知此事，北京石油学院特地为他破例，提前为杨启业安排了剩余考试，以便他能够尽快赶回家乡。考试一结束，杨启业立即坐上返回家乡的列车。当他千里迢迢地赶到家的时候，病弱的母亲脸上露出了微笑，她紧攥着杨启业的手问了一句："你怎么回来了？"

杨启业哽咽着说："接了电报马上就赶回来了。"

母子俩泪眼蒙胧，只来得及说了两句话，虚弱的母亲就离世了。杨启业记得，那年，母亲 61 岁。

亲邻们感叹，这是老人家非要撑到看见儿子才肯走，这是老人惦念孩子的一颗心啊。

送走母亲，返回学校后，杨启业继续做好毕业前的各项事情。在填写毕业分配志愿时，对工艺设计很感兴趣的杨启业听从辅导老师袁乃驹的建议，第一志愿填报的是北京石油设计院，第二志愿是服从分配。

20 世纪 50 年代的北京石油设计院人才济济，业务骨干以清华大学的毕业生为主，比如像李永昌、李树钧等这样的石油界的高才生。袁乃驹老师对北京石油设计院评价很高，杨启业也认定，北京石油设计院将是他施展报国抱负的理想舞台。

1957 年，25 岁的杨启业历经 4 年苦学，出色地完成了学业，系统、扎实地掌握了石油炼制工艺基础等理论，顺利从北京石油学院毕业，被分配到石油工业部北京石油设计院炼油工艺室工作。1957 年 8 月 10 日，杨启业踌躇满志地整理行装，到北京石油设计院报到。指导老师袁乃驹亲自帮他找来一辆三轮车，把拎着一只大箱子的杨启业送到了北京石油学院大门外，目送他坐上三轮车远去。

1957 年，是新中国第一个五年计划的最后一年，祖国正以一日千里的步伐大踏步向前迈进。以优异的成绩完成学业的杨启业，无限欣慰地走上盼望已久的工作岗位，胸怀一腔热忱投入轰轰烈烈的祖国石油化工的大业中，并从此开始了他波澜壮阔的 60 多年的职业生涯。

第三章

六铺炕的灯光

1. 羽翼待丰

新中国成立以来，北京德胜门外的六铺炕地区陆续发展起来。到 20 世纪 50 年代中后期，这个区域集中了我国石油系统的许多单位和机构。1957 年，从北京石油学院毕业的杨启业来到这里，跨入了北京石油设计院的大门。在离开学校之前，杨启业在学校图书馆里专门借阅了苏联专家援建设计的兰州炼油厂的图纸，仔仔细细地研读。因为这座炼油厂是北京石油设计院全程参与建造的，他要对自己即将跨入的单位有更多的了解，以便更好地投入工作中。

此时，正是北京石油设计院成立后的第二年。此时的北京石油设计院羽翼待丰，在为今后的腾飞打着坚实基础。

1953 年到 1958 年，是北京石油设计院创业起步的初期阶段。

1953 年 4 月 28 日，中央人民政府燃料工业部石油管理总局以原设计处为基础，同时从东北石油管理局和玉门矿务局调入人员，集中部分国内和留学归国的炼油专家，组建了石油设计局，当时有职工 179 人。新中国成立后的第一个石油工业设计单位就此诞生，办公地点位于北京德胜门外六铺炕。当年年底，设计局职工增加到了 623 人。

1956 年 6 月，为适应炼油工业发展需要，石油工业部(燃料工业部于 1955 年 7 月撤销，部分机构和职责划归到新成立的石油工业部)决定撤销石油设计局，成立石油工业部北京石油设计院，队伍保持在 500 人到 600 人。

20 世纪 50 年代，北京石油设计院的主要任务是学习借鉴苏联经验，通过建设兰州炼油厂成长起步；同时，还完成了上海炼油厂、石油七厂、石油五厂等一批老厂的恢复或改扩建的设计工作，并设计新建了锦州石油六厂合成甲苯车间，为军工生产提供了重要原料，也为新中国国民经济恢复作出了贡献。

1953 年到 1959 年，先后有 44 名苏联专家来到北京石油设计院，一部分专家承担兰州炼油厂的工程设计，另一部分专家参考苏联莫斯科国家炼油厂设计院的模式，帮助调整组织机构和专业设置，修订管理制度和设计方法。

兰州炼油厂是苏联援助的 156 项重点工程之一，设计规模为 100 万吨/年，共有 16 套装置。从 1953 年该厂选择厂址到 1958 年一期工程建成，北京石油设计院集中了一批设计骨干，配合苏联专家参与了工程建设的全过程。

通过兰州炼油厂建设的工程实践，设计技术人员逐步掌握了区域规划、厂址选择、工艺方案确定、施工图设计、配合施工等规范标准和程序方法，为以后开拓自己的炼油厂设计奠定了基础。

1958 年，北京石油设计院独立完成了独山子炼油厂的设计工作，紧接着又自行设计了加工能力 10 万吨/年的克拉玛依炼油厂。

2. 初涉职场

1957 年 8 月，25 岁的杨启业来到北京石油设计院入职，他被分配到核心业务部门——炼油工艺室，任工艺安装专业技术员。从这天开始，他全身心投入所热爱的石油炼化事业中。

这个时期的北京石油设计院工艺室共有三个专业，一个是炼油工艺，一个是工艺安装，一个是仪表自动控制。徐承恩担任工艺室主任。后来，随着业务的不断扩大和人员的增加，工艺安装专业和仪表自动控制专业分别独立设室。

入院的大学生第一件事是实习，任务是看规章制度等资料、收拾打杂。杨启业第一次觉得时间过得那样慢，枯燥乏味，经常有昏昏欲睡的感觉。每到这时，他就迅速起身活动活动，然后再坐下。严格来说，这种实习其实就是初步了解单位的基本情况和规章制度，不涉及核心业务。实习期结束后，杨启业参与到实际的业务工作中，工作忙忙碌碌，经常一坐就是几小时，竟然一点疲劳的感觉都没有。

燕京大学化工专业毕业的工艺室指导老师朱寿柯给杨启业布置的第一个任务是学画安装图。杨启业在大学里没有接触过这一部分知识，为了“补短儿”，他着实下了一番功夫，直到画出来的图被指导老师认可为止。

作为杨启业的主要专业——炼油工艺技术是在实践中不断发展的技术，书本上学到的知识仅仅是入门的基础。设计工作不能只从书本上生搬硬套，更要做到理论联系实际，虚心向老同志学习。只有这样，才能在专业上不断提高。刚走出校门的杨启业，把功夫放在认真细致地了解炼油装置的工艺流程、设计标准规定与施工现场实际装置的一致性、对照性上，这使他的设计技术提高很快。在朱寿柯老师的指导下，杨启业开始起步，和众多同事并肩同行，为祖国的炼化事业鞠躬尽瘁、奋斗不息。

当工作真正开展起来的时候，杨启业才深切体会到“书到用时方恨少”。他在大学里学的知识，远远不能应对实际工作。于是，博览专业书刊、钻研专业资料成了杨启业最大的爱好，不断学习新知识一直占据并主导着他长达 60 多年从业的倥偬岁月。

每个星期天，杨启业都要坐上 8 路（现改为 68 路）公共汽车，从北京石油设计院所在办公地——北京市安德路中段六铺炕街赶到王府井外文书店，寻找他急需补充的“营养”。王府井外文书店成立于 1958 年，这家北京最大的外文书店整整陪伴了杨启业半个多世纪。在那里，他花掉吃饭以外的全部工资（月薪 62 元），收集购买了大量苏联人编著的俄文专业书，如饥似渴地汲取与炼油工艺密切相关的知识养分。中学时期打下的坚实英语根基，大学时代奠定的厚实俄文基础，给杨启业的学习和工作带来极大助益。

青少年时代的杨启业已经开始博览群书，天文地理、古往今来的书籍无不喜欢。其中包括大量文学名著，不仅有《水浒》《三国演义》《红楼梦》等古典名著，也有当代作家郭沫若、鲁迅等人的作品。他还读过胡适先生的《红楼梦》研读笔记，从中受益匪浅。但是，自从发现自己在专业业务上还有很大差距之后，杨启业便不再涉猎专业以外的书籍。除了看看新闻报刊、了解国家时事之外，他的时间都被专业书占据，用在了他热爱的炼油专业上。要设计出中国人自己的炼油装置，这是杨启业青年时代立下的奋斗目标。

为了更快地担当起设计任务，杨启业在六铺炕那栋小楼里勤奋工作，从天亮到天黑，废寝忘食。国家建设需求紧迫，设计任务繁重，周末加班是常事，被锁在楼里也是常事，跳窗回家更是常事。夜色深沉，推开窗子的吱呀声听起来格外刺耳，年轻的杨启业经常敏捷地一跳，这成为他回忆里难忘的一瞬。

1958 年，国务院号召下属各部委下基层参加劳动，刚工作一年的杨启业被分派到首都钢铁公司参加劳动锻炼。因为每天要上报劳动量，参加争夺流动红旗的评比，两个人一次得抬几百块砖头，夯土台打基础、抬砖头砌砖墙，身体透支得很厉害。为了补充体力，杨启业一顿能吃掉好几个大馒头，把肚子填得鼓鼓的。身体的过度劳损，也给杨启业埋下了病根儿。

1959 年，国务院又组织各个部委到十三陵种苹果。参加劳动锻炼的人们在石头山上挖出一米见方的树坑，把石子筛出来，再把泥土填进去，浇水、施肥、打农药，任务非常繁重。一个月的体力劳动，让杨启业更深地体会到了建设的艰辛。杨启业一顿吃过 4 个馒头、8 碗稀饭，都用脸盆当吃饭家什儿，小饭盒盛饭根本不够吃。

1957 年到 1959 年，杨启业先后参加了独山子炼油厂热裂化装置分区安装图画图工作、一套汽油碱洗装置的设计、50 万吨/年常减压蒸馏装置的初步设计、福建炼化厂延迟焦化装置画图，兰州炼油厂常减压、热裂化、催化裂化等装置运行情况和存在问题的调查。

经过 3 年的岗位磨砺，年轻的杨启业经历了一个从青涩学子到成熟技术人才的过程，一步步成长起来，在炼油工艺专业领域初露锋芒。

3. 独山子初试锋芒

入职北京石油设计院半年后，杨启业接受了参与独山子炼油厂建设的设计任务，要到新疆独山子炼油厂实地考察，并参与热裂化装置设计工作，负责设计总管架图(管线互相连接的总图)。

《独山子地方史志》记载：1897 年(清光绪廿三年)独山子发现石油，当地居民开始土法采油。1909 年(清宣统元年)新疆省政府从俄国购买钻机和炼油釜，在独山子开掘了新疆第一口油井。1936 年，新疆省政府与苏联政府联合勘探开发独山子油田，独山子炼油厂诞生。1942 年独山子油田产原油 7000 余吨，与延长、玉门并称为“中国最早的三大油矿”。1949 年新疆和平解放，中国人民解放军六军十七师四十九团三营进驻独山子油田。1953 年独山子油田原油产量占当年全国原油总产量的 23%，创独山子油田历史上原油产量最高水平。1957 年，独山子炼油厂常压蒸馏完成首次扩建，加工能力提高到 20 万吨/年。1958 年，独山子炼油厂减压装置建成投产。独山子炼油厂第一批成品油运往内地。

——这是属于独山子的“大事记”。

杨启业清楚地记得，到独山子的时候是个夏天。他们从北京坐了几天火车来到乌鲁木齐，又从乌鲁木齐坐汽车前往独山子。两地相距260公里，当时的道路又不好走，汽车在路上整整跑了一天，天黑才到达目的地。对于年轻的杨启业来说，真正进入生产建设的现场，直面不可预知的挑战，去实实在在地解决各种实际问题，是非常难得的学习提高机会。

在独山子炼油厂，杨启业与工人师傅们一起在现场摸爬滚打，结下了特殊的感情。晚上别人休息，他继续加班收集整理各种数据，顺藤摸瓜地认真研究施工中发现的种种问题。善于观察、勤于思考的工作态度，使杨启业不仅避免了设计中的“常见病”现象，也弄清了许多标准规定、技术数据的来源和依据，受益匪浅。独山子炼油厂，是杨启业在炼油工艺设计路上开始起步的地方。

4. 求真秉性

在完成了独山子炼油厂的设计任务后，杨启业回到北京，于1958年上半年，参加了院里组织的一个调查小分队，前往大连石油七厂。

小分队要到大连石油七厂进行常减压装置调查研究，任务是了解掌握大连石油七厂的生产情况，包括装置处理能力、设备大小等，以做到心里有数，为将来自主设计50万吨/年的常减压装置做准备。小分队由常减压装置负责人李心言带领。曾在大连石油七厂实习过的杨启业，对这里的情况非常熟悉。小分队来到大连石油七厂后，他积极联络各方，为调查顺利进行忙前忙后。

在调查中，大连石油七厂总工程师张方骞向小分队道出了一肚子苦水："巧妇难为无米之炊啊，仪表什么的都没有，生产管理很困难，开展新工作更困难。"张方骞是我国著名炼油专家，新中国成立之前，国民党政府曾派张方骞到伊朗炼油厂锻炼学习过几年。那时，世界上最大的炼油厂就在伊朗。他的技术水平在国内也是拔尖的，新中国成立后，他义无反顾地投入建设新中国的光荣事业中来。当时的大连石油七厂还有张方骞的三位同事——夏汝钧、沙展世、童祖，这三位都是石油炼制专家，工作经验都十分丰富。后来，三人先后调入了北京石油设计院。

经过一番调查，小分队发现正如张方骞所说的那样困难重重，短期内很难解决。在这种情况下，50 万吨/年常减压装置的建设项目最终没有实现。但是，通过调查，他们也找到了困难的关键，并针对问题开展了有针对性的研究，也算收获不小。对杨启业来说，再一次体会到做技术工作，要做到"从实践中来，到实践中去"的重要性，只有把理论与实践相结合，才能不断提高技术水平。

在此之前，杨启业曾因为坚持理论与实践相结合，经历了一个小小的"挫折"。在画一份"汽油碱洗装置设计图"时，杨启业认为这张图上有个阀门完全可以不要。大学导师傅鹰先生不唯上、只求真的科学精神，已融入了杨启业的秉性之中。但是，一位来自阿塞拜疆设计院的苏联专家看完杨启业画好的图纸，批评他少画了一个阀门。那位苏联专家态度强硬，要求杨启业必须把阀门画上。言外之意是：中国的图纸必须跟苏联的一模一样，中国专家必须服从苏联专家指挥。刚从废墟上站起来的新中国，正处于靠苏联"扶着走"的时期。国务院明确下文指示，要求中国工作人员一定要尊重苏联专家的意见，必须按照苏联专家指导的办。意见有分歧的结局是，杨启业不得不妥协，重新画上了这个阀门。

这件事，清清楚楚地记在杨启业心里，他暗自期盼着国家建设能早日实现自主决策、自力更生。

5. 崭露头角

结束大连石油七厂的调查工作，刚回到北京，北京石油设计院又派给杨启业一个新任务：搞流化焦化和延迟焦化攻关。于是，杨启业跟随苏联留学回国的专家李辰重返大连，做流化焦化实验。因为1958年下半年，大连化学物理研究所研制出了一套流化焦化试验装置，为做好下一步工作打下了有力基础。

对焦化系统，杨启业并不陌生。西方国家早已掌握了延迟焦化、流化焦化、釜式焦化三种炼油技术，日本人在抚顺石油二厂搞过延迟焦化研究。日本侵略者投降后，焦炭塔就一直孤悬在抚顺石油二厂，无人问津。参加工作后的杨启业曾到抚顺石油二厂出差，看见焦炭塔挂在那里，就像悬在人心头的一个警钟，时刻提醒着新中国的建设者们中外差距有多大、未来要走的路很长，必须快马加鞭、奋发图强。在20世纪50年代，国内只有大连石油七厂和抚顺石油一厂拥有釜式焦化装置。

流化焦化是指渣油在流化床床层中进行焦化反应的过程，为连续生产过程，流化的介质是小的焦粒，生成的焦不是块状的，而是可流动的颗粒。率先掌握了流化焦化技术的美国人曾想把装置卖给中国人。中国的老一辈专家自主攻关，成功研发了这套技术，没买过外国人的一套装置，这是杨启业十分自豪的事。

来到大连后，李辰和杨启业与工人师傅们一起倒班，详细观察记录各种实验数据。正在实验按部就班地进行时，北京石油设计院忽然通知杨启业尽快返回部位，有一项更重要的任务等着他。原来，由于战备需求，国家计划在福建炼油厂投建一套延迟焦化装置，院里派杨启业担任延迟焦化装置设计师。这个装置要按期投产，设计任务迫在眉睫。

1959 年，27 岁的杨启业参加了福建炼油厂延迟焦化装置的设计工作。为了尽快完成任务，杨启业快马加鞭，加班加点地忙碌，彻夜不睡是常有的事。

杨启业在设计延迟焦化装置

在设计图完成的同时，我军对金门岛的炮击进入常态化。福建作为前线，在此建炼油装置不太合适。因此，国家下令停建。这样一来，杨启业做好的设计图只能束之高阁，封存在档案馆里了。

杨启业回忆说，在他做过的装置设计中，唯有这一套设计蓝图没有实现，此后，所有装置都成功投产了。

在杨启业离开大连的这段时间，流化焦化的实验也中止了。李辰跟曾赴苏联留学的设备室专家戴家齐到上海搞设备攻关。在他们埋头搞调适攻关的时候，我国发现大庆油田的喜讯传来，国家石油化工的政策随即做出较大调整，李辰和戴家齐的设备攻关工作也停了下来。

许多时候，时光展现给我们的往往是事物辉煌的一面，而忘记它曾经历的风云变幻、霜雾雨雪，而这些暂时的挫折必将使有理想的追求者磨炼意志、积攒力量而后发轫图强。正是在这个调研、实验和设计装置的过程中，杨启业的业务能力开始崭露头角，1960年，他也因此获得了参加工作以来的第一个先进工作者的荣誉称号。

6. 兰州调研

福建的延迟焦化装置设计完成后不久，四川南充炼油厂和新疆独山子炼油厂先后扩建，北京石油设计院承担了繁重的设计任务。于是，他们兵分两路，一批人到独山子炼油厂，一批人到南充炼油厂支援50万吨/年常减压项目。杨启业则被派去兰州炼油厂，完成一个重要的调研任务。

兰州炼油厂(后改名为兰州炼油化工总厂)是国家在第一个五年计划期间兴建的第一座现代化大型炼油厂，从1956年动工到1958年建成投产，无数建设者为之付出了心血汗水。1958年9月18日，兰州炼油厂产出合格油品。

兰州炼油厂是北京石油设计院协助建起的，尽管苏联专家总负责，主要配合工作还是由北京石油设计院完成的。装置开工后，负责设计的人员必须总结经验教训，了解需要改进的问题，以便更好地提高炼油装置工程设计成功率。这次调研，就是要去总结经验教训。同时，石油工业部计划引进苏联的移动床催化裂化技术，把催化剂的研制任务也交给了北京石油设计院，这也是调研的任务之一。

1959年3月，以原北京石油设计院工艺室主任徐承恩为组长的调研小分队，奔赴位于甘肃省兰州市西固区的兰州炼油厂，有针对性地开展调研，杨启业就是这个小分队的一分子。

北京石油设计院调研组在兰州炼油厂调研期间，小分队实行军事化管理，工作生活紧凑，也非常辛苦，是对体力和毅力的双重考验。每天早晨，杨启业和同事们从离厂很远的住处跑步到炼油厂，在大门外展开队形，反复做齐步走、正步走、跑步走这些规定动作，完成这些累人的军事训练后才能进厂工作。

兰州西固地区的生活之艰苦，给杨启业留下了深刻印象。当时的厂区没有铺柏油路面，人们抬脚落脚之间尽是尘土飞扬。正逢春夏之交的4月，天气说变就变，每到下午两点钟左右，厂区就开始刮大风，风一刮起来，四周伸手不见五指。

为了学到更多有用的东西，在兰州炼油厂工作的几个月里，不管多疲惫，杨启业毫不懈怠，依然勤奋和自律。见多才能识广，杨启业的办法是“盯牢”苏联操作专家，人家爬装置，他就爬装置。常减压、热裂化、催化裂化等兰州炼油厂里的所有装置，杨启业基本都“跑”到了，把学到的东西都装进了心里。许多实际经验是杨启业所欠缺匮乏的、从来没遇到过的，对于问题该怎么处理、装置该怎么操作、要吸取哪些经验教训，他都想弄明白。

在现场有很多东西可以学到，通过实际操作，杨启业学会了气体分馏装置、催化裂化装置的基本操作方法，也对装置设计中的不合理部分有了全面的认识。来自苏联的那位操作专家对于本国设计专家有很多意见，他认为这些装置有待改进的地方太多，比如：冷凝器、换热器上面的水管失效，一半冷一半热，工人不得不手动放气促进系统循环；有些设计就像“低能儿”，不仅不起任何作用还帮倒忙。通过与这位操作专家的交流，杨启业懂得了一个道理：工艺设计必须符合实际需要，要考虑操作难度，不能“本本主义”。

经过认真调研，小分队发现了兰州炼油厂开工暴露出的三个问题：

问题一：仪表不正常。比如，在开工过程中，减压塔里的油装满后从塔顶溢了出来，仪表却没有异常指示，原因是仪表失灵。

问题二：土质有问题。兰州炼油厂所在区域的土质是大孔性土壤，一接触到水，建筑基座就会下沉。这就造成了地面上的水箱下陷日益严重的情况，造成装置停工。

问题三：酮苯脱蜡装置跑溶剂。形成该问题的主要原因是泵的密封性能不好导致泄漏。密封性是酮苯脱蜡装置操作至关重要的部分，溶剂一跑，装置就要停工。

兰州炼油厂开工遇到的问题，是新中国工业建设边摸索、边建设、边学习的缩影。只有不断吸取经验教训，才能够提高国家的整体建设能力。通过调研，杨启业也大开眼界，深刻认识到：做装置设计不仅仅是画画算算，还要把包括土壤性质、设备性能等所有有关因素全面考虑进去，才能确保装置质量。后来，《兰州炼油厂常减压装置》由负责工艺设计的苏联人编纂成书，其中，装置说明书、泵塔的结构尺寸等记录得非常详细。杨启业在北京王府井逛书店时发现了它，如获至宝地买回来，结合兰州调研的笔记对照学习，在业务认识上的能力得到再次提升。不仅如此，他还在王府井新华书店买到了美国专家威尔伯恩·纳尔逊(Wilburl Nelson)教授所著的《石油炼制工程》，其中的例题和计算使杨启业受益匪浅。

7. 军令如山

西藏高原海拔高，柴油容易凝固，影响汽车正常行驶，不利于平叛。党中央、国务院给石油工业部下了紧急命令：必须尽快在青海建厂生产低凝点柴油。

军令如山，石油工业部迅速行动起来，经过寻找得知，锦州石油六厂有生产低凝点柴油需要的冷冻机，抚顺石油一厂有压缩机，这些设备按照命令必须紧急调运青海。

根据石油工业部的命令，北京石油设计院重整专家许景珩带着小他 10 岁的杨启业，跟随石油工业部专家火速赶往辽宁调动设备。这时，杨启业才从兰州回京没几天。1958 年，锦州石油六厂和抚顺石油一厂划归地方省政府管理。1959 年，大庆油田开发后，这两个厂又划归石油工业部。石油工业部来调设备时，这两个厂尚归地方政府管辖。锦州石油六厂厂长不同意调走设备："我们属于辽宁省管辖，石油工业部调设备岂是你们要调走就调走的？"

于是，石油工业部专家带着许景珩和杨启业赶到沈阳，找辽宁省化工厅领导协商。刚一进门，正碰到这位负责人在接锦州石油六厂厂长打来的告状电话。石油工业部专家一听就火了，马上致电石油工业部副部长李人俊(后任国家计委副主任)汇报情况。

李人俊一听这种情况，非常生气，直接把电话打给锦州石油六厂厂长："这是部队平叛用的，是头等大事！个人阻挡还行？你以为我处理不了你啊？限你按时把设备装上车，运不走就摘你的乌纱帽！"

厂长吓坏了，亲自冒雨督办，把设备装上了火车。设备运到甘肃柳园火车站后又装上汽车，从敦煌翻过当金山和祁连山口，运往冷湖炼油厂。抚顺石油一厂的压缩机，也于之前运到青海。

与此同时，石油工业部还委派部分技术人员到冷湖炼油厂协助开工，锦州石油六厂派去 4 人，抚顺石油一厂派去 1 人，抚顺石油二厂派去一名厂长，他们在荒无人烟的冷湖驻扎了两年。在辽宁的相关设备启运青海后，杨启业他们就回到了北京。只是他怎么也没想到，他会很快也奔赴青海冷湖。

8. 高原跋涉

1959 年是中华人民共和国成立 10 周年，10 月 1 日要在北京举行盛大庆祝活动。本来杨启业也打算在北京度过一个欢天喜地的国庆，但是在国庆节前夕，他接到了通知：10 月 2 日去青海冷湖出差，参与科技攻关任务。于是，他提前买好了前往青海的火车票。10 月 1 日这天，杨启业和北京石油设计院的同事们一起聚在单位会议室里，通过一台黑白电视机观看盛大的阅兵式。10 月 1 日上午 10 时整，北京市市长彭真宣布："庆祝中华人民共和国建国 10 周年国庆典礼开始!"然后，各项议程循序展开，直到盛大阅兵式达到高潮。

1959 年 10 月 2 号上午，还沉浸在国庆节喜庆气氛中的杨启业，提着行李卷走出家门，伴随着北京街头涌动的人潮，匆匆赶往火车站，坐上通往兰州的火车。当时，北京还没有直通青海的火车，要坐到兰州转车到青海。那个时候的火车票不好买，有几个买到同一天车票的同事先行一步，杨启业是只身前往的。

他从北京坐火车到兰州，又从兰州转火车到终点站柳园，一路辗转。在柳园下了火车后，杨启业发愁了。因为有同事委托他捎带了一大箱子资料，很沉重，凭一人之力根本搬不动，在北京站的时候，还是几个热情乘客帮忙才上了车。眼下旅客们都匆匆散去，站台上空荡荡的，找谁帮忙呢？火车站刚建成投用，站台工作人员都在忙碌。听到杨启业的求助，几位在车站干活的农民老乡应允杨启业，下班后帮他把箱子抬到公共汽车站去。杨启业等到他们中午下班帮忙把箱子抬到汽车站，等坐上汽车来到当地招待所时已是晚上。

这里住宿条件之艰苦出乎杨启业的意料：兰州干旱，没有洗涮用水，只能“干受”着，虱子比蚊子多，床上到处爬着蚂蚁，扫完一片，过一会儿又来一片，着实让人无奈。

熬过了难熬的一夜，第二天早晨，一辆帆布敞篷车硬是挤进去杨启业等16个人，想舒缓筋骨就得大家一起动，一个人想活动是动不了的，就这样一连坐了两天。车在高原颠簸，刺骨的冷风吹进敞篷车里肆虐，大家裹着被子也不顶用，浑身冷得像结了冰，冻得手脚麻木很快失去了知觉。经甘肃敦煌去青海冷湖的路，漫长得让人心焦。

敞篷车摇摇晃晃攀上海拔3500米高的祁连山山路，就像悬在玉带边上的一只晃动的小虫，那么脆弱无助。崖边山谷里跌落的汽车残骸时刻提醒过路的人们，那里究竟有多危险。

杨启业从北京出发，一路跋涉，历经千辛万苦，用时9天才到达目的地——青海冷湖，这段行程让杨启业刻骨铭心。

9. 冷湖会战

青海冷湖位于柴达木盆地西北边缘，1955年伴随着石油的发现而被人们关注。冷湖总面积比上海市还要大，高原缺氧，年降雨量全国最少，地理位置和气候条件十分独特，是中国乃至世界上最艰苦、人类最难以生存的地方之一。

许多到过冷湖的人，称冷湖像“月球的表面”，海拔三四千米，遍布戈壁、荒漠、盐碱地，基本上寸草不生。有人形容冷湖是“天上不飞鸟，地上不长草，风吹石头跑”的生命禁区，只有在那里生活过的人，才能真正理解人的肉体和精神到底有多坚韧。

冷湖采油人自豪地说，冷湖是青海油田的父亲湖，这个“湖”不在地上而在地下，湖中“流淌”的不是水而是石油。冷湖炼油厂和青海规模最大的格尔木炼油厂，原料就是青海油田出产的石油，颜色像啤酒。青海气压低，使用的汽柴油在常压下就可以炼制，而柴油要经过脱蜡才能使用。

冷湖的条件比柳园还差，根本没有地方住。杨启业和同事们从建设指挥部领到一顶帐篷，租到一床被子，在帐篷里一住就是半年多。青海的冬天太冷，他们就在帐篷里用砖砌了个炉子，上面放上块大铁板，把炉子烧得旺旺的，帐篷里就不那么冷了。唯一要小心的是，不要引起失火，杨启业和同事们都非常小心。

青海地区天寒地冻，蔬菜无法储存，千里迢迢运到驻地的白菜很快冻化成水，只剩下皮，没有菜可吃。工人一天发 6 个馒头，知识分子一天发 4 个馒头，光吃馒头根本吃不饱。冷湖属于高海拔地区，空气稀薄气压低，水在 90℃左右沸腾。馒头半生不熟，难以下咽，大伙用脸盆再煮一遍，吃下去糊弄一下饥饿的肚子，人人饿得面黄肌瘦。在物质条件如此贫乏的环境里，杨启业和同事们经历着前所未有的考验和磨炼。

冷湖寸草不生，地上是沙子，地下是盐碱，唯有吃盐碱长大的老鼠十分壮硕，令人百思不得其解。

驻地附近没有水源，人们从一百多公里以外打了一口水井，靠大卡车长途运输供给饮用，每个工作人员一天只能领到一瓶水，没有多余的水洗漱。在 30 万会战大军陆续到达柴达木会战驻地冷湖后，供应不足的矛盾更加突出，白面馒头换成了青稞面，仅有的一瓶水也断顿了。

杨启业发现，有军人站岗的发电厂有循环水，能不能去取水喝呢？杨启业千方百计找到厂长商量，终获批准。每天早晨，杨启业去发电厂挑两桶循环水回到驻地，供 7 个人饮用洗漱，一直喝了 7 个月。

为了扩大会战战果，人们将采油油嘴放大到了直径为7厘米，3个月产油高达30万吨。杨启业和同事们忍受着零下二三十度的严寒和经济困难时期带来的饥饿，凭着超人的毅力，在“有条件要上，没有条件创造条件也要上”的信念支持下，在冷湖攻克了生产低凝点柴油的难题。

为了祖国的石油事业大发展，以杨启业为代表的老一辈“拓荒者”，凭着惊人的毅力吃尽苦头，蹚出了一条前进的路。

10. 突如其来

1960年5月，杨启业在完成冷湖的攻关任务后，回到北京。在这年的7月，一个突如其来的消息让杨启业震惊了。由于中苏关系恶化，1960年7月16日，苏联政府单方面撕毁了同我国签订的600个合同。其中，专家合同343个、科技合同257个。苏联政府单方面决定，从1960年7月28日到9月1日撤走全部在华专家1390名，终止派遣专家。苏联撤走专家时，带走了全部图纸、计划和资料，并停止供应我国建设急需的重要设备，大量减少成套设备和各种设备中关键部件的供应，使我国250多个企业和事业单位的建设处于停顿、半停顿状态，给我国的经济建设造成了重大损失，加重了我国的经济困难。

眼看着北京石油设计院的苏联专家们带着他们的资料离开，包括杨启业在内的许多中国人都感到震惊。新中国成立初期，中苏两国交好，苏联被我国人民称为老大哥。杨启业在大学学习的石油化工知识，采用的都是苏联教材，无论是实习还是搞设计，都是以苏联标准为基础的。而且，他在兰州调研时，还与苏联专家一起工作过。这突然的变故顿时使杨启业有些反应不过来。但是，在了解了事情的原委后，他觉得苏联专家的集体撤离对中国来说反而是好事。当时，在技术封锁的国际大环境下，我国大部分设备只能向苏联订购。此外，向意大利、英国等少数愿意技术合作的国家订购数万吨的重整装置、安全阀等设备，紧缺部件的价格常常被抬高几倍。采购苏联设备，虽然没有西方国家那么离谱，价格却也不低。抗美援朝期间，中国从苏联购置一台 180 立方米热裂化进料泵，价格为 15 万元人民币，相当于一架米格 19 战斗机。

为了给国家节省外汇，我国技术人员抓住一切合作机会研究购进的样机做设计开发。杨启业说，苏联撤走全部专家，虽然给我国造成了一时的麻烦和困扰，却激发起了中国人的爱国热忱，点燃的不仅是战胜困境的决心，更激发了各行各业的创造热情。如果没有这一历史事件，中国人在科技上的独立自主恐怕要迟很多年。中国人只要有志气，坏事就能变成好事；中国人只要有骨气，就没有做不到的事。

11. 建设大幕的拉开

1959—1960 年，是中国石油工业发生翻天覆地变化的开始。1956 年 9 月，党的“八大”正式通过由周恩来总理主持编制的《关于发展国民经济的第二个五年计划的建议的报告》。从 1958 年开始，中国进入了发展国民经济的第二个五年计划时期。

在这个历史时期，为了从根本上改变我国石油工业的落后状态，时任中央书记处总书记的邓小平同志率先打破了仅在西部找油的传统观念，做出了战略东移的重大决策，力图在祖国东部找到新的油田。正是由于这一战略思想的指引，我国石油工业才实现了具有深远历史意义的重大转折。

1959 年 9 月 26 日，我国在短短几个月内就找到了大庆油田，发展中国自己的原油炼油工业不再是奢望。

1960 年年初，大庆石油会战轰轰烈烈地开始，进入我国独立自主开发建设大油田、加快石油工业发展的新纪元。随着工作重点的转移，全国各地的建设者云集大庆，石油工业建设的大幕徐徐拉开。此时，正在参加冷湖油田会战的队伍也开始陆续转战大庆。随着大庆油田的开发，原油产量大幅度增长，中国炼油工业开始步入天然原油炼油时代，国内的设计院所纷纷放弃用煤炼油的主攻方向，放弃建造人造油炼油厂的设计方向，转向天然原油炼油厂的设计，由此开启了石油炼制大发展之路。在这个时期云集到大庆油田的，不仅有建设队伍，也有包括北京石油设计院在内的技术队伍。

大庆石油会战在“有条件上，没有条件创造条件也要上”的氛围中，日新月异，原油产量不断提高。这时，迅速提高炼油加工能力就成为当务之急。20 世纪五六十年代，我国炼油工艺还很落后，二次加工技术只相当于国外 40 年代的水平，远远不能满足如此高速发展的需求。国内只有几个炼油能力不大的小炼油厂，远远不能适应石油工业的发展需要。在这种情况下，急需扩大炼油加工能力。于是，国家提出了“两条腿走路”的方针：一是扩大现有小型炼油厂的生产规模，二是新建炼油厂。

大庆炼油厂是新建的第一个炼油厂，石油工业部把兰州炼油厂建设时期从苏联购进的第二套十二单元 100 万吨/年常减压装置运到了大庆，用于炼油厂的建设。与此同时，对国内其他炼油厂的改造也同步进行。其中，杨启业参与的锦西石油五厂常减压项目，属于“两条腿走路”的另一条腿，也是重点改造项目。

1961 年春天，杨启业从北京坐火车来到锦西。在那个贫油的时代，汽车非常少见。从火车站到锦西石油五厂只能步行，坐了一天火车的杨启业，扛着行李步行来到了施工驻地。他这次的任务是负责对锦西石油五厂常减压装置进行改造设计。长期以来，这个厂一直炼人工油。今后要炼制大庆油，原来的装置从工艺到设备都要改造，这也是个硬任务。

这时，全国正处于三年自然灾害困难时期，生活条件非常艰苦。辽宁省的粮食供应很紧张，一斤粮票在锦西只能当七两用。为了合理分配一天的伙食，杨启业和同事们着实动了一番脑筋：省下早饭不吃，喝水抵挡饥饿感，集中精力打备战，中午吃三两，晚上吃四两，好有力气和精神头儿熬夜。因为白开水没滋味，很多同志选择在水里放盐，导致全身浮肿，腿肿得很粗，行动不便。

"食堂用大白菜边缘老叶煮汤分给大家喝，女同志吃不下去，就问我吃吗，我说吃，喝下这些含糖分的汤，没得浮肿。"回想起这些艰苦的日子，杨启业记忆犹新。

国家的荣辱与兴衰，匹夫有责，炼油事业的发展紧紧系于杨启业和同事们的心头。不管承受怎样的艰辛，对美好未来的热切期待，让人们无比兴奋、干劲十足。杨启业和参加项目攻关的同事们没有一个人叫苦，几乎每夜都加班到十二点，夜以继日地进行技术对比、方案论证。在项目初步设计完成后，及时修改项目的相关设计，圆满完成了任务。

在其后的几年中，杨启业与北京石油设计院的同事们又集中精力参与大庆炼油厂建设。1963 年 12 月，新中国首座完全依靠自主力量建设的大型现代化炼油厂在大庆开工。该厂一期工程设计规模 100 万吨/年，包括 11 套工艺装置。这些装置先后于 1963 年至 1966 年建成并一次投产成功，揭开了我国独立自主建设大型炼油厂的序幕！1963 年 12 月 2 日，周恩来总理满怀喜悦和自豪地向世界宣布：我国需要的石油，现在可以基本自给，中国人民使用"洋油"的时代，将一去不复返了！

在工程最繁忙的 1963 年，北京石油设计院有 550 余人次下现场，全年累计设计加班的工日达 6.7 万个。大庆油田会战之后，我国缺油的局面得到了根本扭转，西方学者所宣扬的“中国贫油论”不攻自破。短短几年时间，炼油厂如雨后春笋般落地生根。在党中央、国务院领导下，20 世纪 60 年代前期，石油工业部组织了三个战略性的重大行动：一是从 1960 年至 1963 年在大庆开展持续三年的石油勘探开发大会战，实现了石油基本自给；二是 1964 年进行的华北石油会战，拿下了山东胜利、天津大港两个油区，奠定了我国石油资源的雄厚基础；三是从 1963 年开始的发展炼油新技术，建设炼油厂，攻克“延迟焦化”“流化催化裂化”“铂重整”“尿素脱蜡”“催化剂和添加剂制造”这 5 项被称为“五朵金花”的重大技术。这三大战役，提供了发展我国石油工业的良机。

国家定下大力发展炼油工艺的宏伟目标，中国的炼油工业随着大庆油田开发迎来了奋发图强的起步时期，并昂首阔步走上了独立自主的发展之路。

到底是什么支撑着老一辈人如此拼命？徐承恩院士说，正是信念的力量在起作用，早已深深融入杨启业的血液，成为他和同代人的精神特质。信念正是一个人不竭的动力，其巨大热能不可小觑，足以鼓舞一个群体、一个民族、一个国家奋勇向前。

12. 严寒中的考验

作为大庆炼油厂的重要组成部分——250 万吨/年常减压装置于 1963 年 5 月开始设计，担任常减压装置设计师的，正是刚过而立之年的杨启业。

大庆 1963 年冬天，杨启业与李荣楣、张德姜等同事带着设计图纸奔赴大庆。李荣楣1961年从北京石油学院毕业后，被分配到北京石油设计院工作。当她走进办公室，一眼看到了杨启业等几位同事，感到非常开心。她毕业实习的时候，参加了青海冷湖会战，与北京石油设计院的几位同志都很熟悉。没过几个月，他们成了同事，大家自然都很开心。杨启业没想到的是，李荣楣在此后的几十年中，一直是他科研工作的搭档。听说要去大庆，李荣楣从单位借到一双大靴子、一件羊皮袄和一顶狗皮帽子，打算到了大庆把自己全副武装起来。杨启业为了能够扛住东北刺骨的寒风，也匆匆赶到王府井百货大楼买了一顶保暖性能不错的羊绒帽，这顶帽子成了杨启业最得力的御寒“法宝”。

杨启业他们在大庆一待就是一个多月，那里的冬天让他们真正领教了祖国大东北的严寒。

大庆的冬天到底有多冷呢？零下40℃的低温，蒸汽凝成的水珠掉到地上瞬间冻成冰。在滴水成冰的日子里，一位同事的手上生出冻疮，又痛又痒还破裂流水。一走出屋门，人们的眉毛和眼镜就蒙上一层冰霜，这是最苦恼的事。为此，李荣楣专门在口袋里装上一方格子手帕，用来对付冰霜对眼镜的袭扰。

风如刀、冰如剑，高处更不胜寒。装置的第一层平台在36米高处，第二层平台在72米高处。在原先设计中，装置要安装斜梯。在图纸审查过程中，有的领导认为没有必要，全都改成了直上直下的竖梯。装置建好后，炼油厂有意见，一线工人意见更大，提出：竖梯安全性差，不利于安全生产。冬天的时候，直梯上结冰，更不安全，要到平台上检查施工质量或者提取数据，就要冒着危险在直梯上爬上爬下，工人们纷纷打退堂鼓。看到这种情况，杨启业自告奋勇包揽下了上平台检查施工质量的任务。

寒冬的铁梯子结满冰碴，棉手套碰上去咔咔作响，脚踩上去也会打滑。杨启业艰难地爬到装置顶层，刺骨的寒风一阵阵吹来，浑身冷得直打寒战，寒风顺着袖口的缝隙钻进衣服里，棉衣棉裤就像被冻住的冰甲。手指冻得伸不开，连尺子都拿不住，迟钝极了。杨启业和同事只能躲到装置背风的一面，等稍稍暖和一会儿，手脚恢复知觉，再继续工作。让杨启业惊讶的是，平台上竟然还有几个工人在施工，工人师傅们人人只穿一件小棉袄，在风雪中干得热火朝天。

尽管天寒地冻，为保证施工顺利进行，杨启业他们每一道工序都严格按照工程标准检查验收。由于工期紧张，一天之中除了几小时睡眠时间外，他们的大部分时间都是在装置上度过的。一顿简单的午饭，也是就着半空中的寒风勉强咽下的。整个施工期间，每天定量配给高粱米、荞麦面和玉米糙子。习惯了米饭的杨启业吃了一年多北方糙粮，把胃吃坏了，常有想呕吐的不适感觉。尽管生活条件艰苦，但是他对工作却不马虎。

有一天，生产装置有个调节阀坏了，如果不及时更换就会影响生产。按照常规，更换调节阀要装置停工，然后更换。可是在这个特殊的历史时期里，每天的产量都是直接报到国务院的，停产一天都是重大损失。管道里流动着油，如果不停工更换，危险极大。面对这一难题，杨启业提出一个建议：用干冰把调节阀和油品都冻住，然后更换。建议被采纳后，工人师傅们把干冰抬到现场，将调节阀刺进去，使汽油冷凝。换好新阀后，再用蒸汽融化冻住的部分，恢复正常流程。当调节阀更换完毕的时候，在场的人都松了一口气。这时候，大家才感到后怕，毕竟这种操作方式从来没有使用过，一旦出了问题就是大问题。这在大庆炼油厂建设现场是有教训的。

因为在东北严寒的环境条件下，装置的水压试验是无法完成的。有位职工提出建议：冒险改用汽油试压，以解决防冻问题。建议实施后，一开始效果不错，但是由于巡检不细，没有发现隐蔽的泄漏点。有位工人卸照明灯时操作不慎，导致电路忽然起火，点燃了漏油。公安部门追查失火原因时，那位提建议的同事也为此承担了责任。杨启业建议的成功实施，不仅是因为他对科技原理的精通，更在于他的严细精神，使现场的每一步操作都有条不紊，确保了安全和质量。

与杨启业一起到大庆去的张德姜，从这时候开始，直到退休前，一直是杨启业的工作伙伴和搭档。来到大庆的时候，刚刚被分配到北京石油设计院的张德姜正在实习期。张德姜生于1940年，1959年由家乡福建工业厅选送进西安石油学院攻读炼油工艺专业。1963年，张德姜毕业时，正逢石油工业部招兵买马、扩充技术力量，本应回福建的张德姜和同班30名委培生被急需人才的石油工业部"抢"至麾下，分配到了北京石油设计院配管室工作。然后，随杨启业来到大庆。第二年的春天，张德姜参与了常减压装置配管安装设计和配合施工等工作，他工作作风严谨认真，把自己所负责的配管工作做得井井有条，与前辈杨启业配合默契。杨启业非常信赖这个得力助手，因为不用多操心配管这个环节。此后，每逢有新的催化裂化装置施工，杨启业必定要负责配管的张德姜共同参与。张德姜勤学好问，杨启业耐心解答，并且举一反三地提出许多相关问题，使年轻的张德姜受益良多，非常喜欢和平易近人的杨启业共事。

大庆油田会战时期，小催化裂化装置使用苏联8gK牌号的气体分馏压缩机。这种压缩机采用复杂的往复式燃气轮机工作原理，动力不是电而是天然气(瓦斯)，缺点是容易泄漏，改为电动后还是易泄漏，非常难"伺候"，工人的维修工作量太大。大庆炼油厂焦化装置开工后，要求维修工人24小时坚守，不能离开压缩机厂房一步。深受其苦的工人师傅们跟杨启业提意见：以后搞设计千万不能再选这个型号的压缩机了！杨启业感同身受，牢记在心。

杨启业说："通过生产实践总结出来的东西，比如搞设计选型，没到现场待过，你根本不会知道怎么选择才合理、才实用。后来设计任务到我手上，我就把它枪毙了，规定设计中要用离心压缩机。尽可能减轻工人的劳动强度，是我们设计工作者的责任。"

1964年8月，大庆炼油厂250万吨/年常减压装置正式投产，从设计到投产前后经历了近一年半的时间。中国的催化裂化事业，凝聚着一代人的群体智慧。从烧焦罐的研制到大庆常压渣油炼制，许多重大工艺设计攻关，杨启业和同事们共同参与、携手作战，作出了很多贡献。

13. 五朵金花

大庆油田会战的成功，迅速改变了中国石油工业的落后面貌。同时，一个艰巨的任务摆在了人们面前：如何尽快改变我国炼油工业的落后局面。

新中国成立后，西方发达国家对新中国实施技术封锁，国外的一般技术可以买到，但战略性的先进技术绝不卖给我们。要发展自己，只能走自力更生的道路，自主研发、自己摸索和创新。为此，石油工业部制定了“石油产品三年过关、五年立足于国内”的战略部署。这是一场无声无息的中外较量，是一场没有硝烟的战役，老一辈专家跟随祖国石油石化工业前进的步伐，在炼油工艺领域里冲锋陷阵、开疆拓土。

1961年12月，石油工业部在北京组织召开炼油科技工作会议。针对我国大庆原油产量急剧上升、炼油厂技术落后、产品不合格的现状，决定抽调科研、设计、制造、基建和生产等方面的骨干力量，自力更生开展流化催化裂化、铂重整、延迟焦化、尿素脱蜡及催化剂和添加剂制造等五项炼油工艺新技术攻关，尽快改变我国炼油工业技术落后的面貌。这时，恰逢电影《五朵金花》正在全国上映，参会代表就把列入攻关课题的五项炼油新技术形象地比喻为中国炼油工业的“五朵金花”。

在炼油工艺上，“五朵金花”有着举足轻重的作用：流化催化裂化是最重要的重质油轻质化过程之一；延迟焦化技术是将重质油变为轻质油的重要深度加工技术；催化重整的产品既可作为高辛烷值汽油和航空汽油的组分，又可将芳烃抽提出来，作为合成橡胶或制造炸药的原料；尿素脱蜡是生产低凝点油品的一种方法，它利用尿素与正构烷烃形成络合物，从石油馏分中将高凝点的石蜡分离出来，经过处理的油品凝点可低达-40~-60℃，并副产高纯度液体石蜡，这是一项具有中国特色的石油炼制工艺技术；炼油催化剂生产在国际上长期被少数专利商垄断，而中国只用4年时间就完成了微球催化剂从科研到工业生产的全过程。

尽管只能找到有限的资料作为参考，北京石油设计院、洛阳石油设计院、石油科学研究院的老一辈专家们硬是通过殚精竭虑的学习钻研，披荆斩棘、开拓创新，走出了一条适合自己国情的炼油工业化之路。

1961年，北京石油设计院同抚顺石油设计院、石油科学研究院对比研究了国外文献上的试验、生产数据，确定出主要工艺条件，组织力量对滑阀、耐热耐磨衬里等关键设备和结构进行了试验攻关。

1963年，由北京石油设计院设计，在抚顺石油三厂建成了2万吨/年的催化重整试验装置。

1964年，根据石油科学研究院的成果，北京石油设计院和兰州炼油厂设计室合作进行了微球催化剂装置的设计，该装置1965年在兰州炼油厂建成投产。

1965年5月，我国第一套自行设计、自行施工安装的催化裂化工业装置在抚顺石油二厂建成投产，填补了中国炼油技术上的一项空白。这套装置是我国炼油工业技术开出的第一朵“金花”。

1965年12月，北京石油设计院设计的大庆炼油厂10万吨/年催化重整工业装置建成投产，适应了当时国家对这些产品的迫切需要。

1965 年，根据抚顺石油科学研究所的成果，北京石油设计院设计的尿素脱蜡装置在锦西石油五厂建成投产，生产出了低冰点（-60℃）航空煤油和低凝点（-50℃）的坦克柴油，对利用含蜡量高的大庆原油生产航空及高寒地区用油起到了重要作用，粉碎了 20 世纪 60 年代外国在航空煤油、高寒地区坦克用油等方面对我国的封锁。

最动人心魄的是“五朵金花”中的延迟焦化炼油工艺新技术的攻关过程。

1960 年，由北京石油设计院设计的 10 万吨/年延迟焦化试验装置在抚顺二厂建成，使用钢丝绳出焦。

1963 年，由北京石油设计院和抚顺石油设计院共同设计了全国第一套处理量为 60 万吨/年的延迟焦化装置。

全国人大三届一次会议即将在北京召开，时任石油工业部副部长的康世恩下了死命令：石油焦要拿到人民大会堂向人大献礼，拿不到油焦就拿“人焦”！

1964 年 10 月，由北京石油设计院和抚顺石油设计院合作设计的两套以减压渣油为原料的 60 万吨/年延迟焦化装置，先后在大庆炼油厂和抚顺石油二厂建成投产，采用了自行研制的水力除焦工艺，解决了长周期运转的关键技术。北京石油设计院委派杨启业赴大庆劳动锻炼（实际配合两套延迟焦化装置施工和开工）。

1964 年 12 月 25 日 10 点 30 分，延迟焦化装置切换四通阀，开始生产第一塔焦，实现了试运、投产一次成功，产品质量、产品收率一次合格，及时向全国人大三届一次会议献上了一份厚礼。这是国家的荣耀，更是炼油人的荣耀。

在 20 世纪 60 年代后期，科研、设计、制造、建设等兄弟单位协作，齐心协力克服生活上和工作上的困难，成功开发了炼油工业“五朵金花”，成为我国自力更生发展炼油技术的典范。我国采用

"五朵金花"等技术，相继设计建成了大庆、南京、北京东方红、山东胜利等四大炼油厂。值得自豪的是，"五朵金花"的灿烂绽放实现了我国炼油工业的一次大跃进，标志着中国的炼油工业自此走上了一条独立自主、奋发图强的康庄大道。

14. 六铺炕的灯光

随着新中国首座自主设计的大庆炼油厂首战告捷，国家大力建设炼油厂的序幕徐徐拉开，大庆炼油厂、上海炼油厂、石油二厂、石油一厂、石油五厂、石油七厂等炼油厂的建设快马加鞭，中国的催化裂化炼油工艺技术发展一步步走上了一条独立自主、自力更生的路。

20 世纪 60 年代，国内一直在应用从古巴学到的Ⅳ型催化裂化技术，技术水平停滞，没有新进展，产品质量一般。杨启业和同事们自力更生、艰苦奋斗，努力探索研究新技术。没有人布置具体的目标任务，大家自觉行动，时时处处想在前面、干在前面。

随着炼油厂建设的加快，北京石油设计院的技术人员越来越忙碌，每天都加班到深夜，有的要熬一整夜，办公区的灯彻夜通明。六铺炕驻地附近的老百姓们高兴了："晚上起夜不用开灯了，到处都亮堂堂的。"有一天午饭时间，周婉华的爱人赵老师到催化组找妻子，他看到的一幕是：催化组全组成员都在伏案，他每次到这里来，都是同样的工作状态，年年月月如此，这让赵老师非常佩服。在老一代人记忆里，催化组绝对是一个能团结、能战斗的团队。

六铺炕的灯光，照亮了一个时代、一个集体的前进步伐。

新中国成立七年后，我国已经逐步走上了计划经济体制的轨道。在计划经济体系下，国家在生产、资源分配以及产品消费各方面，都是由政府事先进行计划的。

每年，国务院批复的资金一到，石油工业部必须马上订货，订到的设备一般都存放到锦西、抚顺的专设库房里，再由此调配到国内需要的地方。当时的工作讲究“只争朝夕”，设备到货时间不分白天晚上。家住六铺炕的杨启业经常被同事的敲门声叫醒，半夜披衣下床、争分夺秒地填写购料单，接收设备。

这年秋天，北京石油设计院工艺室收到了来自十三陵水库的三个苹果，这是他们 1959 年种下的果树结的果。三个苹果怎么分呢？大家一商量，决定煮水喝，集体分享同甘共苦的成果。

1966 年，就在“我为祖国献石油”的歌声响彻大地、我国石油战线捷报频传的时候，“文化大革命”开始了。虽然“文革”风暴席卷了全国，但是北京石油设计院的科研人员继续坚守科研阵地，不断推进新装置的设计与建设。1967 年，北京石油设计院和天津化工设计院、长春化工设计院共同完成了两套12 万吨/年的小催化装置设计，并投入建设，北京石油设计院主导完成了其中关键技术的设计任务。

1968 年，第一套小催化装置在天津第一石化炼油厂周李庄分厂投产，第二套小催化装置在吉林前郭旗炼油厂投产。杨启业参与了这两套催化装置的设计，两套装置的投产也为北京石油设计院在六铺炕的工作画上句号。

1969 年，北京石油设计院搬离六铺炕，分散各地支援三线建设。

回顾往事，个人、集体、国家的命运交织融合的许多个瞬间，组成了一代人的历史，六铺炕在杨启业的从业生涯中留下了刻骨铭心的记忆。

第四章

鏖战在胜利

1. 广阔舞台

几乎与勘探大庆油田同时，1955 年，国家对华北平原地区开展区域性普查。1961 年，在山东东营打出了第一口工业油井，发现了胜利油田。1964 年，国家正式批准组织华北石油勘探会战，形成了继大庆石油会战之后的又一次石油勘探和油田开发会战，开发出了胜利油田。在打出高产油井后，随即启动了胜利炼油厂的建设(现更名为中国石化齐鲁石化胜利炼油厂)。

北京石油设计院承担了胜利炼油厂的设计任务，时任院长朱康福指定杨启业参加胜利炼油厂 120 万吨/年催化裂化装置的具体设计，来自抚顺设计院的专家陈俊武担任技术指导。这时，我国第一套 60 万吨/年同高并列式流化催化裂化装置在抚顺石油二厂和大庆炼油厂相继投产成功。石油工业部决定在胜利炼油厂建设我国第一套生产规模为处理馏分油 120 万吨/年的流化催化裂化装置。这个锻炼机会，对于杨启业有着十分重要的意义，使他经历了职业生涯中第一次“设计—施工—开车”的全过程，同时也体验了“顺利—挫折—成功”的心路历程，为杨启业奋力求索、施展才华、实现事业梦想提供了广阔的历史大舞台。

20 世纪六七十年代，国家为战备需要，将沿海沿边的重要工厂陆续内迁(“大三线”)，各省自行规划的战备区域要求“工厂进山”“分散隐蔽”“确保军工”(“小三线”)。为了贯彻“备战备荒为人民”的方针，工厂必须“靠山、分散、隐蔽”，石油工业部领导把胜利炼油厂厂址定在山东的小三线——淄博市临淄区南仇公社的大虎山，此地距离胜利油田所在地东营有 100 多公里。

1966年4月1日，胜利炼油厂在大虎山破土动工，并于1967年10月建成投产。当时称为“四一”炼油厂，即一套装置(由常减压、催化裂化、延迟焦化、叠合、气体和液化气脱硫及电精制等六种装置组成，年加工胜利油田原油250万吨)，这套装置是由不同装置联合组成的，在国内是独一份，因而也被称为“联合装置”、一亿投资、一年时间、一次投产成功，全厂从布置上、工艺流程上、物料上、热量上全面实现了联合，节约了能源，减少了用地和投资，工厂能耗指标当时在国内最低，被石油工业部评定为赶超世界炼油水平的项目。

2. 胜利记忆

1966年，杨启业、李荣楣去胜利炼油厂参加设计工作。

在胜利炼油厂的艰辛历程，至今仍深深铭刻在杨启业、李荣楣等亲历者的记忆里，业内有名的设计大师郭志雄和他们一起经历了当年的磨砺和考验。

胜利炼油厂筹建之初，建设者们从全国四面八方涌来，吃住和物资供应都非常紧张。他们住的是简易板房，房顶覆盖着油毡纸，以防下雨漏水。一间装货的大仓库改成临时办公室，人们就地取材，把砖头垒起来当桌腿，床板当桌面儿，搭成一张“桌子”；用砖头垒成四方墩子，铺上纸壳子当坐垫，一把“椅子”就有了。

正是在这样简陋的生活和办公条件下，杨启业和同事们每天工作到深夜，从未在午夜十二点前睡过觉，休息到凌晨三点还要起床参加民兵训练，脑力劳动和体力劳动超强度消耗，那段日子过得无比辛劳。为了按时完成胜利炼油厂120万吨/年催化裂化装置的具体设计任务，大家自发加班，全身心投入其中，每天不是跑现场，就是画设计图，一周只休息半天，星期天上午工作，下午才用来料理洗衣等个人的事。

在胜利炼油厂历经坎坷、艰难探索的两年中，杨启业只回过一趟家。

在胜利炼油厂工作期间，杨启业犯了胃病，为了不影响工作，他想出了一个不是办法的办法：每到饭点儿就打二两米饭，掺水搅成稀粥吃，靠自制白粥养了一段时间，胃痛的毛病居然好了。没有时间求医问药，杨启业依赖于身体的自愈能力，战胜了不少病痛的折磨。

人们的脑海里装的只有工作，李荣楣把北京石油设计院的同事们比喻为“甘于低头拉车的老黄牛”。以杨启业为代表的一代又一代专家们在所擅长的专业领域最大限度地发挥自身的潜能和优势，靠吃苦耐劳的奉献精神共同成就了祖国繁荣强盛的辉煌未来，为国家的现代化作出了巨大贡献。

3. 当务之急

在科研、设计、施工和生产几方面队伍的共同努力下，1967 年第三季度，胜利炼油厂 120 万吨/年催化裂化装置建成，第四季度投料试运行，试运行过程中却出现了催化剂跑损严重的异常情况。由于是国内第一套从 60 万吨/年放大到 120 万吨/年的催化裂化装置，装置规模翻了一番，装置能力放大了一倍，设计难度相当大，技术人员没有相关技术经验，技术水平还不够成熟，石油工业部也要求做些创新，在这些前提下，装置在试车阶段出问题是不可避免的。

1967 年年底，120 万吨/年催化裂化装置投料试车阶段操作基本平稳，但催化剂日损耗量达30吨左右。因为使用的是英国进口的3Å微球分子筛催化剂，价格非常昂贵，国内正在研究这种催化剂(也属于"五朵金花"开发任务之一)，但还不能工业化生产，装置被迫停工。

当务之急是尽快找出这套新工业装置催化剂跑损的原因，石油工业部领导决定成立实验调查小组，组织了石油化工科学研究院、北京石油设计院、抚顺石油设计院和胜利炼油厂等单位的工程技术人员，承担全部调查研究和提出流化实验方案的任务。

规模放大以后，工业装置流态化技术方面必然暴露出很多问题，促使第一代催化裂化"拓荒者"从理论上更深入地研究流态化机理成为必然，但这不是在研究所的实验室里可以做的，必须到大型工业装置实地进行测试。测试目的就是要掌握原来不太清楚的规律和数据，经过新的测试又不断得到新的数据，整理后又有新的提高。热态运行的工业装置的再生器直径大约9米，不像在实验室里可以重复进行那样容易，必须制订好测试和研究方案。要做好大型流化试验，首先要摸清大庆炼油厂和抚顺石油二厂60万吨/年催化裂化装置两器(反应器和再生器)的流化情况。

为了争取时间，1968年春节一过，实验调查小组由组长陈俊武同志带队，立即动身到北京会合，先集中讨论调查内容，然后出发到大庆炼油厂、抚顺石油二厂测试和收集资料。

4. 砥砺前行

1968年2月，实验调查小组的同志们从北京启程奔赴大庆炼油厂，途中并不顺利。

由于天气恶劣，火车晚点，陈俊武、杨启业一行人到达终点站哈尔滨时已是深夜，只能等第二天转车去大庆，唯一的办法是先找到大庆油田办事处解决住宿问题。

乌沉沉的天上没有月亮，夜深人静，马路黑黢黢的，连一盏路灯也没有，没有一个同志带着手电筒。哈尔滨正是冰天雪地的隆冬，夜半时分温度降得更低，冻住的路面很滑，简直寸步难行，走不了几步就会滑倒，大家彼此搀扶着，费了九牛二虎之力终于走到了大庆油田办事处所在地。远远望见办事处大门，大家不由得松了一口气，心想，总算可以暖暖身子，休息一宿了。

可是，大家走近办事处门口一看，又不禁大失所望！时值“文革”时期，大庆油田办事处和全国各地的办事处一样都暂时关闭，人员回到大庆参加“文革”去了。无奈，一行人在冰冻的街上继续摸索着走了一个多小时，终于找到一家澡堂勉强凑合住了一宿。

次日清晨，实验调查小组从哈尔滨出发赶到大庆。大庆炼油厂的同志们热情接待，尽可能地给他们提供各种帮助，为实验调查小组准备好了玻璃 U 形管、胶带和短接头等需要的测试工具。

测试一个大装置并不是那么简单，反应器或再生器直径放大十倍以后，要把里面的疑难点弄透很不容易，既要理论分析，还要结合一些流态化测试技术综合分析。为了尽快完成测量任务、早日解决装置开工中遇到的问题，杨启业和实验调查小组的同志们马不停蹄，每天除了睡几个小时外，其他时间基本都在忙碌，爬上爬下进行测量工作，连中午吃饭都在装置上面吃。

李荣楣作为调查组中为数不多的女将，与男同胞一样攀爬装置。无论是杨启业，还是李荣楣，还是其他人，都是随身携带着一把钢卷尺、一支笔、一个记录本、一只手电筒，每天在生产装置塔罐和管线中攀爬。为了提高检测效率，减少攀爬的次数，在有的平台和平台之间，临时搭几块跳板，每从跳板上经过一次，他们都提心吊胆。有时候，从人孔钻进装置检查内构件、测取数据时，有的设备没有梯子，只能攀缘用绳子和木棍结成的悬空软梯。攀爬软梯特别不容易，要有手劲儿，有臂力，要掌握技巧，还要有胆量。装置中的工业气体气味十分呛人，即使戴着厚厚的棉口罩，浓烈的气味还是熏得人晕头转向。杨启业和同事们就是在这样的环境里辛勤工作，对工作一丝不苟。

为了取全、取准反应器和再生器各处的数据，在凛冽的寒风中，杨启业和实验调查小组的技术人员冒着零下30多度的严寒，站在几十米高的设备顶上进行现场测量，花了整整一个月的时间，一边测量记录数据，一边整理绘制图表。东北的冬天真是“风刀霜剑严相逼”，在这段时间里，由于温度过低，钢笔、圆珠笔经常冻得写不出字来，只好用铅笔记录数据；手冻僵了几乎拿不住尺子，他们就找个背风的地方稍稍暖和一会儿再接着干。就这样，杨启业和实验调查小组成员一起，克服了物质上、生活上的种种困难，取得了大量可靠的实验数据，写出详尽的调查报告，圆满完成了调查测试任务。

1968年3月，完成大庆炼油厂的调查后，实验调查小组启程从大庆出发，经齐齐哈尔转车奔赴抚顺石油二厂调查。谁知，由于风雪严寒阻碍，从齐齐哈尔开往沈阳方面的火车已停运了两天，杨启业一行人滞留在了齐齐哈尔火车站。为了赶时间，大家谁也无心睡眠，从夜里开始排队，一直站到早晨八点才买到了硬座票。

从大庆到抚顺的火车上挤满了红卫兵，车厢内因严重超员拥挤不堪，全程一千多里，既没有热水供应，也买不到东西吃。大伙儿一路上忍饥挨饿，历尽了千辛万苦，坐了一天火车，跋涉千里才到达抚顺石油二厂。

在抚顺石油二厂史瑞升等同志的协助下，实验调查小组花了一个月的时间测量了两器的密度、温度和压力的分布，并收集了催化剂的规格、消耗、原料性质等资料，为下一步大型流化试验提供了丰富的基础数据。

就这样，实验调查小组多次往返抚顺和大庆现场，先从60万吨/年装置调查研究并测试，又到120万吨/年大装置上进行局部测试，然后全面测试，反反复复很多次。通过理论分析和测试诊断相结合的办法，对大庆炼油厂正常运行的流态化数据和120万吨/年催化裂化装置再生器设计的催化剂密度及分布数据进行分析对比后，终于确认了流化床气流分布不均匀是胜利炼油厂催化剂跑损的关键原因。

5. 箭在弦上

1968年春夏之交，结束了大庆炼油厂和抚顺石油二厂的调查之后，杨启业、陈俊武一行赶回胜利炼油厂，进行大型单容器(再生器)流化试验。

要想弄清楚问题根源在哪儿，最关键的步骤是测取得到床层里的密度分布数据进行分析。那时，装置内某个横截面上数据的测取方式是：在设备外捆扎安装1~2米高的U形管，内装水、四氯化碳、水银等介质，U形管两端接出的软管连通装置内一定高度差(比如高低相距1米)的混合气体，装置内气体的压力变化反应为U形管内液体位置变化，每一层床层所在位置站一位同事，用U形管密集采集记录这些不停变化的压力数据，计算得到压力差ΔP，然后通过公式计算出密度。

通过第一次单容器流化试验，发现了问题所在：再生器中间布置的两组旋风分离器比其他边缘10组的高，因此造成中间两组旋风分离器入口浓度偏低，烟气占比高、催化剂很少，从而使其他10组旋风分离器入口催化剂浓度高。通过流化试验，还发现由于分布板边缘开孔多、中间开孔少，致使再生器中心密度大、边缘密度小。

根据发现的问题，他们调整了分布板开孔，堵掉了中间两组旋风分离器。

在第二次流化试验中，再生器密度分布均匀，催化剂损失明显减少，取得了良好的效果。于是，建议拆除中间两组旋风分离器，进行投料试运行。试运行结果证明，催化剂损失减少了，跑损问题基本得到解决。

通过做大型流化试验，杨启业、陈俊武等催化裂化专家取得了丰富的流化试验数据和操作经验，从中找出一些规律，总结创立了一套以压力平衡为基础、工业化装置反应及再生系统流态化综合测试方法，为后来建设大型、小型催化裂化装置的设计工作奠定了坚实的基础。这些规律成为催化裂化装置的测试规则和设计规范，工业装置操作水平和设计水平因此都上了一个大台阶，催化裂化装置的设计规模也上了一个新台阶。

为了胜利炼油厂这座现代化大型催化裂化装置的早日成功投产，杨启业和陈俊武等开拓者凭着高度的责任心和勇于战胜困难的大无畏精神，用了不太长的时间取得了良好的效果。

在做大型流化试验时，正处在炎热的夏天。为了取全、取准数据，杨启业和同事们站在再生器顶上不分白天黑夜地记录数据、采样。中午最炙热、最难熬，头顶烈日、脚踏“火炉”，有的同志身体较弱，实在支撑不住，晒得中暑晕倒在装置上。没有一个人因此退缩，更没有一个人畏惧苦累，大家仍坚持进行现场试验。

为了减少催化剂跑损，使装置操作趋于正常，杨启业和陈俊武心无旁骛，在胜利炼油厂同吃同住同攻关长达两年。

中国科学院院士陈俊武出生于 1927 年，杨启业院士出生于 1932 年，陈俊武院士在催化裂化工艺技术领域颇有建树，令杨启业十分钦佩。在胜利炼油厂鏖战的两年中，两人是一条“战壕”里的战友，一起开会研究，一起北上调研，一起做试验，一起攻关，一起在探讨中擦出无数智慧的火花，一起度过了许多勤奋的不眠之夜，同甘苦、共患难，共同品味科学路上卧薪尝胆、心智交辉的风雨人生，为国家的催化裂化事业齐心协力、殚精竭虑，谱写了一段业内佳话。两位中国催化裂化奠基者、炼化领域带头人彼此信赖并肩作战、互相帮助、共同进步，在共同奋斗的倥偬岁月中结下了深厚的友谊。

6. 意外受伤

胜利炼油厂催化裂化装置于 1967 年开始设计，1969 年 1 月正式投产。在这个过程中，杨启业不仅付出了全部的心血，取得了可喜成果，也在生产现场洒下了热血。

胜利炼油厂 120 万吨/年的催化裂化装置即将开车时，炼油厂负责人定下个不成文的规矩：装置负责人杨启业不点头，所有的阀门都不能开。从业多年来，每当有催化裂化项目开车验收，精通专业、坐镇指挥的杨启业不首肯，没有人敢冒险操作，哪怕开一个阀门都不行，这是因信任而养成的业内习惯。

1968 年，在胜利炼油厂开车现场，120 万吨/年催化裂化装置主风机升温炉的第一个大阀门非常关键，杨启业和同事配合操作时，这个老式齿轮阀转动十分费力，大家都在用力转动阀门。这时，意外发生了！杨启业的右手小指和无名指忽然被冰冷的轮齿“咬”住，绞得血肉模糊，顿时血染现场。

人们立即送杨启业到胜利炼油厂驻地医院做了紧急救治，医院根据他的伤势，建议立即转院。杨启业忍着伤痛，把现场的工作安排好，这才转回北京积水潭医院治疗。积水潭医院外科医生一看杨启业的伤势，连连叹息最初的伤口处理和包扎水平太低，导致伤口脓肿发炎，无法收口，重新对伤口做了处理。

“伤筋动骨一百天”，杨启业在北京休养了三个月，右手三根手指落下了终身残疾。在养伤期间，他一直心系工作，通过各种方式了解工作进展情况。伤好后，他又回到胜利炼油厂，继续工作。为了避免以后再出现同样事故，杨启业决心对大阀门进行技术改进。他重新设计，把笨重的老式机械阀门改成了电动控制开关，一直沿用至今，再也没有出过同类事故。

多年来，杨启业养成一个习惯：每临开工，为确保万无一失，每一步关键步骤，他都要亲自指导，装置开车的最关键环节，他都要亲自操作，心里才踏实。正因为杨启业的这种特点，胜利炼油厂许多员工都记得他。笔者在胜利炼油厂采访时，提到杨启业时，有的中年员工马上说：“北京石油设计院的吧？联合装置就是他设计的。”如今，当年的联合装置已经完成了历史使命，退出了历史舞台，被更先进的装置替代。但是，它却永远写进了胜利炼油厂厂史，与它同时写进厂史的，还有杨启业。

杨启业以事业为重的大无畏精神，令人深感敬佩。

杨启业说：“眼看千遍，不如手动一遍。”作为工艺设计人员，只有积累大量实践经验，才能熟稔于心、了如指掌，真正掌握要点，不管遇到什么样的问题，都能根据实际情况迅速判断问题根源所在。既要会做设计，也要会操作，还要会处理问题，技术全面才是一名合格的工艺设计者应具备的素质。在催化裂化行业中，有的设计者只会做设计，不具备足够丰富的操作和处理问题的能力，会失去业主信任，不利于实施最正确的技术指导，还有可能导致开工失败。

成功的道路总是曲折的，一个人只有在年轻时代经历过挫折和失败，才能总结出更为成功的经验。胜利炼油厂正是杨启业事业真正起步的地方，这里犹如一个大熔炉，把杨启业磨砺、锻炼、造就成了一名富有实践经验的行家里手。

7. 照猫画虎

1969年，胜利炼油厂120万吨/年催化裂化装置终于开车成功了，它的建成投产正是我国催化裂化技术发展的一个里程碑。

经历了在胜利炼油厂的艰苦鏖战，杨启业迅速成长起来，从此可以独当一面。此后，不管进行装置放大还是缩小，作为技术负责人的杨启业都胸有成竹，他所参与负责的催化裂化装置都是一次开车成功，使以后同类装置开车没有出过问题。

不会解决现场问题，不能算是真正的专家。在胜利炼油厂积累的丰富实战经验，促使杨启业摸准了催化裂化工艺设计技术上最关键的规律性“脉搏”，逐步成长为催化裂化行业里的“神医”，“望闻问切”样样拿手。无论装置遇到什么工艺技术难题，只要杨启业出马，就能“手到病除”。

认真地总结经验，杨启业深有感触，他说：“胜利炼油厂装置的开工，让我认识到，光啃书本是领会不深的，书本知识固然重要，实践指导更重要。除了理论上的东西，我们从工作实践中学到的知识才是第一位的。通过吸取经验教训，我们再开同类装置的时候就没出过问题。”

实践出真知。通过大量实验积累，杨启业掌握了一把神奇的装置放大“钥匙”：从小装置到大装置，只要控制好速度这个关键指标，一切技术难题都可迎刃而解。

在催化裂化专业领域里，用基础理论和生产实际这“两条腿”走路，下足了功夫的杨启业得心应手，成为既有理论水平又有实际经验，能全面指挥技术工作的人才。

1969年国庆节前，参照胜利炼油厂的成功经验改造的燕山炼油厂120万吨/年催化裂化装置开车成功。

回顾历史，如果说1965年从古巴取经建成的大庆炼油厂60万吨/年催化裂化装置是“照猫画猫”，那么1969年摸索成功的胜利炼油厂120万吨/年催化裂化装置就是“照猫画虎”，在此基础上建成的燕山炼油厂120万吨/年催化裂化装置就是一次新的进步。

万事开头难，每一步都走得那样艰辛，在这场没有硝烟的战争中，杨启业、陈俊武等老一辈开拓者攻坚克难，付出了坚韧不拔的努力，为我国催化裂化技术水平的提高作出了巨大的贡献。

8. 缘分的传奇

在20世纪60年代，杨启业有了自己的小家。他的妻子是陈红英，少年杨启业曾在陈红英家的店里做过小伙计。那个时候，陈红英就感觉和文质彬彬的杨启业很有眼缘。

自从杨启业到南京读高中后，基本没有与陈红英见过面。只是在南京的家人们互有来往，知道些彼此的情况。有一天，杨启业突然收到陈红英的来信，说是面临高考报志愿，征求杨启业的意见。杨启业毫不犹豫地建议陈红英报考北京石油学院。1955年，陈红英考入北京石油学院。两人在北京石油学院再次相遇。这时候，1953年考入北京石油学院的杨启业正读大学三年级。两人同在北京石油学院求学。杨启业1957年毕业，陈红英1960年毕业，两人先后被分配到北京石油设计院工艺室工作，又成了同事。在大家眼里，杨启业和陈红英之间的缘分就像一个传奇。

杨启业与爱人陈红英参观北京植物园

陈红英说，她和杨启业根本没有“谈”过恋爱。大学时期，两人一心读书、接触很少，逢年过节，杨启业几乎没给小老乡陈红英买过礼物。

陈红英在毕业实习时，被分派到抚顺石油二厂延迟焦化装置做工业试验。1957 年，杨启业毕业后在石油一厂实习时到石油二厂参观，看到日本人 1945 年建的焦炭塔塔吊仍然悬在高处，直到 1960 年才装好。陈红英的实习地点就在这样一个空荡荡的地方，晚上，陈红英就住在这里的办公楼里。“她一个人住办公楼，胆子真大!”杨启业想起往事，很佩服陈红英。

在陈红英实习期间，杨启业到石油二厂出差，顺便去看望她，发现她胳膊上全是被蚊子咬的红疙瘩，心里很不是滋味，很心疼地安慰她。耄耋之年的杨启业说起这件事，仍然心疼，言语间充满着对患难与共妻子深沉的爱意。

仿佛水到渠成、顺理成章，从少年到青年一路同行的杨启业和陈红英早已互相认定了对方，各自心里明镜似的，只是天天抬头不见低头见的，谁都不好意思说破。

旁观者清。终于有一天，工艺室一位热心的老同志笑呵呵地捅破了这层窗纸：“你俩都不小了，也该考虑结婚的事了。”

1960 年 12 月，杨启业和陈红英结婚了。杨启业的老主任、时任北京石油设计院副总工程师的徐承恩和一些同事参加了他们的婚礼。这时，正处于生活困难时期，没有买到喜糖，夫妇俩花了一百元买橘子汁请大家喝，同事们凑份子给他们送了镜子等物品。那酸酸甜甜的橘子汁，伴随着大家的祝福，令人终生难忘。

在北京石油设计院，杨启业从事的是工艺专业，陈红英从事的是安装专业，尽管分工不同，专业间的关系还是紧密相连的。无论是在单位还是家中，两人的话题总是离不开工作。杨启业出差的时间比在家里长，有时一出去就是几个月甚至一年多，对一对新婚夫妻来说，这是多么长久的分离啊。陈红英选择了对杨启业的绝对支持，一肩挑起了家庭生活的全部重担，无怨无悔地打理着所有家务，教养培育两个孩子，努力支撑起了一个温暖的家。

杨启业知道，无论工作多么辛苦，无论旅途多么劳累，家里永远有热气腾腾的饭菜，有一盏照亮黑夜的灯在等他。

9. 不测之忧

1962 年，大儿子杨宇的出生，给杨启业、陈红英夫妇带来了更多生活的甜蜜。然而，命途多舛，杨宇出生时，护士的意外拉拽使孩子大腿脱出髋关节，初为人父人母的杨启业夫妇，在育儿方面缺乏经验，并没有及早发现异常。

1965 年，杨宇三岁了已到学步年龄，陈红英发现孩子总是站不稳、走不好。陈红英带着杨宇到积水潭医院做了详细检查，医生告诉她病因，并说：幸亏来得早，经过治疗后会慢慢恢复，如果诊治再晚些就很难复位了。

这个诊断结果让杨启业、陈红英夫妇非常内疚，如芒在背。如果他们不是太忙，如果他们足够细心，孩子的病就能早些发现，也会少受些罪。值得庆幸的是，小杨宇的病治疗得还不算太晚。那时那刻，无论夫妻俩心中有多么酸楚，却有一个信念支撑着他们：孩子会好起来的，一切都会好起来的，生活总会一天比一天更好。

从此，陈红英在医生规定的时间里，把儿子杨宇背到背上，去积水潭医院治疗。治疗过程非常受罪，需要用石膏固定治疗。每隔三个月，医生就要为小杨宇调整股骨头位置，然后继续固定。在这期间，小杨宇无法蹲坐活动，只能保持一个姿势，这对于一个对世界充满好奇、正爱玩耍的三岁孩子来说，是件多么煎熬的事。

杨启业仍然一心扑在工作上，经常长时间出差，繁忙的工作任务不允许他陪伴在孩子身边。陈红英咬紧牙关，一边忙工作，一边照顾儿子，默默挑起生活的重担，从不向单位领导透露只言片语，更不抱怨单位为何总是派丈夫加班或出差，从没找过院领导、室领导要求照顾。陈红英说："院里所有的夫妻同事都是这样过的，生活当中总有许多问题要解决，我们怎么能搞特殊呢？"

为了兼顾好工作和家庭，夫妻俩从家乡接来杨启业的嫂子帮着照看小杨宇。嫂子有 5 个孩子，家境也很困难，来北京时，就把最大和最小的孩子也带来一起照顾。陈红英的月工资是 56 元，杨启业的月工资是 62 元，陈红英给老家的父亲寄 10 元，杨启业给父母家、养父母家各寄 10 元，夫妻俩每月仅有 88 元用于一家人的开销，生活很苦。

陈红英是一位坚强的妻子和母亲，她给人的印象总是那样温文尔雅、平静和蔼，不生气不慌张。哪怕是面对孩子的病痛，心急如焚，她也将这些悄悄埋在心里，带着平和的微笑面对工作、面对同事。

10. 同舟共济

有些人，一旦走到了一起，就是一生一世的矢志不渝，杨启业和陈红英就是这样。

在1964年的“四清”运动中，杨启业莫名其妙地受到了牵连。他在大庆工作时期，同宿舍的几个舍友业余时间喜欢打扑克，杨启业不参与打扑克，只帮他们打开水喝。突然有一天，这几位舍友被打成“反动小集团”受到了批判。有人提出，杨启业和他们走得很近，也是小集团的人。于是，他也受到了批判。至今，周婉华还记得杨启业受委屈的那段时期，有人找陈红英谈话，要她站出来揭发杨启业。无论怎么威胁利诱，陈红英始终一句话也不说，坚定地相信自己的丈夫。

1964年1月到1965年4月，杨启业常驻大庆，负责设计第二套常减压装置和延迟焦化装置，一忙就是一年零四个月，没有回过一次家。这期间，夫妻二人的联络靠同事捎信，远隔千里，互相牵挂，千言万语仅化作家长里短的嘱咐。

杨启业说，在他心目中，服从命令听指挥，正是一名国家培养出的专业技术人员的天职。在那个年代，有许多像杨启业一样的炼油工艺工作者，舍小家为国家，无怨无悔地奔波忙碌在祖国各地炼化一线。

也许现代人很难理解，杨启业、陈红英夫妇那一代出生在旧社会兵荒马乱年代的人们，对得来不易的和平生活心怀着怎样纯粹的热爱，对新中国充满着怎样深沉的赤子之情，因此，所有的困厄在他们眼里都已不算什么。

此去经年，在杨宇慢慢康复成长的岁月里，陈红英也有奉命出差的时候，暂时割舍儿女情长，离家去外地的炼油厂配合施工。年幼的杨宇和父亲杨启业、母亲陈红英聚少离多，这是那个年代里北京石油设计院许多人的家庭生活缩影。

对于北京石油设计院的炼油科研技术人员来说，当亲情遇上事业时，亲情往往为事业让路。对于这一代得高望重的老工艺设计者而言，国家需要的地方就是家。

新中国百废待兴，和平安定的生活鼓舞着大家步调一致地往前走，心往一处想、劲儿往一处使，人人怀着爱国的热望，齐心协力要把祖国快马加鞭地建设好，要把迎来的新日子一天天过好。

11. 巾帼不让须眉

1968 年 12 月，南京长江大桥通车，开心的陈红英带着六岁的杨宇在桥上合影留念。此时的南京人，争先恐后跑到大桥上拍纪念照，这毕竟是南京长江上的第一座大桥。而这个时候的陈红英，已经带着杨宇在南京断断续续住了三年了。

陈红英毕业于北京石油学院炼制专业，在学校里也属于“学霸”级的学生，在专业上颇有建树。1965 年到 1968 年，北京石油设计院选派陈红英赴南京炼油厂，联合华东化工学院(现更名为华东理工大学)开展分子筛脱蜡的专项研究工作，这项技术在我国炼油工业领域还是空白。

分子筛脱蜡，是指利用分子筛的选择吸附特性从汽油、航空煤油以及柴油等馏分中脱除正构烷烃的过程，它既是炼油厂石油产品精制的重要手段，又是液体石蜡的重要生产方法。分子筛脱蜡装置早期用于提高汽油的辛烷值，以后发展到用于降低航空煤油的冰点和制取液体石油蜡，以及生产低凝点柴油。中国在20世纪60年代建成了分子筛脱蜡装置，现有装置主要用于生产液体石油蜡(作为洗涤剂的原料)。

随着炼油事业的进步，系统开发炼油技术的新工艺、新材料和新设备，开展一系列的催化裂化方面的试验，创建工程设计与技术开发紧密结合的技术创新新模式，势在必行。

陈红英是中国研究分子筛脱蜡的第一人。在南京的三年中，她每天要么靠在现场和实验室做实验、检测数据，要么到图书馆查阅相关资料。从小型试验到中型、大型试验，陈红英付出了很多心血。

1968年，分子筛脱蜡技术问世。20世纪60年代，正是“备战备荒为人民”的时期，脱蜡后的油料凝点达到零下60摄氏度，可用于坦克，利于发挥战争中的运输储存等功能，对提高部队战备水平具有重要作用。这项技术不仅填补了国内空白，还出口到罗马尼亚等国为国家赚取外汇。这项技术的问世对提高我国国防建设水平具有重大意义。

考虑到杨启业要经常出差，孩子没人照顾，陈红英把杨宇也带到了南京，交给妹妹照看，一住就是三年多。陈红英的娘家人热情好客，北京石油设计院的同事们去南京出差，有时候旅馆不好找或者在厂里没地方住，陈红英就把同事们安排到娘家住。

在杨宇懵懂的记忆中，许多时光是在外公家度过的。这三年正是“文革”的高峰期，此时的陈红英远离在北京的单位和轰轰烈烈的运动，专心钻研她的攻关项目，促进了科研成果的早日问世。直到有一天的一个电话，让她离开了南京。

杨宇清楚地记得，那天，姨母叫他：“杨宇，快叫你妈妈接电话!”电话里说的什么，杨宇不知道，只看到妈妈声音哽咽、眼泪汪汪的。放下电话后，陈红英告诉杨宇，他父亲在胜利炼油厂受伤了，已经转院回了北京，他们要尽快赶回家照顾他。于是，他们立刻收拾行李，坐火车返回了北京。此时，陈红英的科研成果——分子筛脱蜡技术已经成功问世。

分子筛脱蜡技术诞生后，湖北荆门炼油厂计划投产分子筛脱蜡装置。1969 年，杨启业、陈红英夫妇随单位到荆门支援“三线建设”，参与荆门炼油厂的建设。陈红英在南京炼油厂的三年科研经历，让这个厂的干部和技术人员很看重他们，厂领导向石油工业部打报告，请求陈红英夫妻俩到南京参加技术攻关，没有获批。

1989 年，陈红英和王励端共同著述完成《分子筛脱蜡工艺的选择》，选入《炼油技术与工程》一书。

第五章

荆门大迁徙

1. 集体南迁

1966—1970 年，我国进入了发展国民经济的第三个五年计划时期。“三五”计划的指导思想经历了由“解决吃穿用”到“以战备为中心”的变化，把国防建设放在了第一位，加快了“三线”建设的步伐。

SEI 院志《辉煌六十年》中记载：1969—1983 年，是全院职工饱尝艰辛一路前行的历史阶段。1969 年年底至 1970 年年初，响应支援“三线建设”的号召，北京石油设计院约三分之二的职工迁往湖北，参加江汉油田会战，于 1970 年整编为五七油田八分部设计研究大队，负责设计建设荆门炼油厂和武汉炼油厂；约三分之一的职工留在北京，于 1971 年并入北京石油化工总厂设计院，承担东方红炼油厂二期和援外工程(阿尔巴尼亚巴尔什炼油厂和朝鲜新义川、烽火化工厂)。在此期间，全院人员分散，驻地数度变迁，工作条件十分艰苦，生活动荡困难。参加荆门炼油厂会战的职工举家外迁，成建制地搬到建厂地区。他们住席棚、蹲山沟，饱尝艰辛，经受了巨大的磨难，有时候趴在床板上画图。坚持现场设计四年多，终于在荆门城郊宝塔山下的沟壑中，设计建成了一座加工能力 250 万吨/年具有 13 套装置的燃料-润滑油型大型炼油厂。

1969 年年底，从北京出发一路南下到湖北荆门，1974 年年初从湖北荆门出发一路北上回北京——这是属于老北京石油设计院人的集体“长征”，这是属于一个群体的共同记忆。

杨启业回忆：“本来院里定的是让我留在北京，原北京石油设计院副总工程师王玉翠要到荆门去，原北京石油设计院副院长李学成到阿尔巴尼亚去了，王玉翠就鼓动书记把我也要去，我就随大家一起到荆门去了。”

1969 年 12 月，杨启业、陈红英一家收拾行李，随北京石油设计院大军搬迁到湖北，支援荆门炼油厂“三线建设”。出发前，北京石油设计院给每个家庭发了一个小木箱子，能带走的行李有限。杨启业一狠心，独自到王府井摆个地摊，把他省吃俭用攒起的许多俄文书按一本三毛钱处理掉了。参加工作后，除了吃饭钱以外，杨启业的工资几乎全部花在了买书上，眼看心爱的书易主，杨启业心疼得要命。当年买的那些书，如今只留下来两本。一想起这件事，杨启业就惋惜不已：“一共卖了 200 多块钱，可了不得，真值钱啊！”

回想起 1969 年所经历的荆门大迁徙，时隔 40 多年，工艺室专家周婉华记得，几位“军代表”到北京石油设计院动员大家尽快搬迁。谁去谁留，是个大问题。大家苦中作乐，幽默地按自行车品牌区分，把双职工叫作“双喜”，把单职工叫作“飞鸽”。“双喜”和“飞鸽”们被分编为三个连：徐承恩所在一连留在北京，将参与东方红炼油厂的设计工作；李荣楣所在二连被派往湖北钟祥，将在一座庙里安营扎寨；杨启业、陈红英夫妻所在三连则远赴湖北荆门，将在一座中学栖身。

在北京石油设计院，有很多像杨启业夫妇一样的“夫妻搭档”。启程前，李荣楣的爱人刘正庚在中国科学院工作，通过单位协调在三天之内就调到了北京石油设计院仪表室，陪同李荣楣一同支援“三线建设”。年仅 29 岁的张德姜也在其中，他的妻子携幼子从福建调到荆门，一家人开始同甘共苦地生活。那时候，许多夫妻都做了同样的选择：即使前途未卜，也要同甘共苦。周婉华和爱人把三个月大的孩子送回四川老家，托老人寻到一位乡下保姆喂养照顾，而后夫妻俩匆匆赶到湖北荆门报到。

1969 年的冬天来得格外早，候鸟们向南迁徙，属于一个群体的集体搬迁也悄然拉开了序幕。北京石油设计院三分之二的职工同甘苦共命运地举家迁徙正是当年最特别的一景：几百名职工浩浩荡荡从北京出发南下，有的坐火车，有的坐轮船，一路上互帮互助，奔赴湖北荆门。

2. 共同记忆

北京石油设计院的部分职工到达湖北荆门后，暂时驻扎在红卫中学(后改名龙泉中学)，更名为“设计大队”。没有房子可住，习惯了伏案设计的工艺专家们自己动手，用油毡纸、竹竿儿、苇席子、铁丝等简易材料，在红卫中学低矮的屋檐下，齐心协力搭建起了简易却能遮风挡雨的席棚。每家分到了一间席棚，大小仅为七八平方米，隔音很差，谁家小孩哭，家家听得见，谁家大人打呼噜，家家都能听得到。

生活十分艰苦，一溜排开高低错落的苇席棚子，永远铭刻在那段旧时光灰白色的底片上。

那时候，北京石油设计院的职工们物质生活条件仍旧十分匮乏，家具都是单位配发的，只有很简单几样，千里迢迢从北京带到了荆门。一张床、一个小柜子、“一头沉”桌子、两只小凳子、几床被褥、一个脸盆、一个暖水瓶、一包衣物，这些是杨启业、陈红英一家的全部家当。

席棚内不能生火做饭，大家只能吃食堂，生活开销比较大。在计划经济时代，每个家庭成员每个月只能分到半斤肉票，只能凭户口本购买的食用油、糖等物品严重缺乏。按当时物价，五斤粮票可以换一只鸡，一只鸡市场售价在一元左右。

买布做衣服要用布票，布票每月每家都是固定的数量，最多可以做一身衣服，想多做件衣服很困难。为了身上的衣服能多穿些日子，大家都穿劳动布。劳动布是一种手感硬挺、纹路清晰、质地紧密、结实耐用的粗斜纹棉织物，不容易破。但是，衣服穿久了，领口、袖口、脚口、胳膊肘、膝盖处会最先磨坏。那个时候，身上的衣服打补丁是很常见的现象。

盛夏，为了省布，男职工们连背心也舍不得穿，时常光着膀子去工地干活儿，一顶草帽、一个水壶、一根棍子，脖子上挂一条手巾——这“打扮儿”就像一群打游击的。冬天，参加建设的职工们将打着补丁的老棉袄左右衣襟一压，弄根绳子腰间一系，跟工人师傅们一起热火朝天地劳动。因为穿得很不像样儿，北京石油设计院的同志自己编了个顺口溜打趣儿：远看是要饭的，近看是设计院的。

参加“三线建设”的成千上万人聚集在湖北荆门，尽管荆门是鱼米之乡，随着人们越聚越多，食物供应也越来越紧张。荆门出产大米，主食是米饭。每到周末，就是各家想方设法改善生活的日子。职工们忙完工作就到附近村庄找当地老乡买鸡买蛋，用自制小煤油炉子煮给孩子们吃。久而久之，当地老乡给“设计大队”起外号叫“杀鸡大队”。

杨启业的周末却没有时间做这些事，荆门炼油厂的装置等着开工，他的心思全部放在了施工现场。陈红英忙完工作忙孩子，也没有时间出门。夫妻俩没有多余精力改善伙食，一家人一天三顿吃食堂。

“所有跟工作无关的活动，杨启业都毫不关心，从来见不着他的影子，老杨的心思全部放在工作上，一天到晚琢磨的只有工作。他知识面很广，擅长融会贯通把各方面知识运用到专业上，能想出很多方案来。老杨能取得如此令人瞩目的成就，是他的性格决定的。”周婉华说。

在老一辈人心目中，祖国的需要高于一切，为了祖国建设，再苦再累也不觉得苦累。半个世纪后的今天，那些仅能遮风挡雨的简易席棚仍清晰地矗立在记忆深处，成为杨启业、陈红英、周婉华、李荣楣等一代人的精神坐标。

3. 披荆斩棘

在 20 世纪 60 年代，石油行业实际处于半军事化管理状态，要求召之即来，来之能战，战之能胜。党和国家指向哪里，石油大军就打向哪里。雷厉风行、攻无不克、战无不胜的作风，已融入了石油石化人的血脉之中。

1969 年，荆门炼油厂的前期设计工作已经成形。建设任务由部队监管执行，武汉部队副司令主抓荆门炼油厂的建厂大任。负责工艺审核工作的杨启业顾不上家事，全身心地投入紧张的荆门炼油厂催化裂化装置施工图绘制工作中。

正值“文革”期间，红卫中学停课，杨启业和同事们在红卫中学几间闲置教室里办公。杨启业、周婉华、陈红英、李晓奇、于积雨等工艺室技术人员各有分工，他们负责反应再生、分馏、吸收稳定、脱硫等四大部分的设计工作。设备、仪表、机械、电化、热工、给水排水等部分的设计工作同时进行。杨启业担任催化裂化装置总负责人，具体工作内容是工艺计算、设备选型、画(汽油脱硫)碱洗部分设备图以及整个工艺的审核工作。大部分图纸必须在三个月内完成，小部分图纸需要在施工现场补画。一张蓝图包含的信息是海量的，物料平衡、温度、压力等数据要全部标注清楚。为了赶工期，大家加班加点工作，经常忙到深夜才能入睡。

1970年年底，60万吨/年的较大型催化裂化装置在荆门炼油厂投产，实现了向祖国元旦献礼的目标。在那个物质匮乏、条件艰苦的年代，仅用一年时间就让一座炼塔走下蓝图矗立在大地上，这样的施工速度堪称奇迹。这是一个时代的缩影，更是一代人精神面貌的真实写照。

杨启业的全部身心都放在工作上。催化裂化装置之外，常减压装置开工、重整装置、制氢装置开工等配套工程的关键项目陆续铺开，很多工作需要杨启业出面拍板处理，大家都开玩笑地喊他“杨掌柜”。

1971年，杨启业的主要工作任务是配合现场施工。由于电站还未建成，工地采用的是外路电供电，电力不足，经常停电。因此，施工现场需要及时处理的事情很多，工作琐琐碎碎，包括清扫等细枝末节的活儿，杨启业都要亲自参与。设计大队的同志们和工人同吃、同住、同劳动，什么样的苦活、累活都干过。

荆门多雨，上山的路格外难走。施工期间，技术人员要亲自到库房里翻找各种设备，来回跑的路太多。杨启业一季度就磨破了两双解放鞋，身板也锻炼得硬朗了些。在荆门工作生活的那段时期，北京石油设计院不少人，不论男女都扛过各种设备。

为了援建荆门炼油厂，石油工业部从锦西石油五厂调过去部分职工，还有一个团的部队转业工人，以及72名大学生。为了确保装置开工万无一失，杨启业负责培训工作，给这些新入厂的工人上课，开展培训，教给他们如何开工、停工、遇到事故怎么处理、阀门怎么操作等专业知识。那些经过杨启业培训的大学生，经过在生产岗位的锻炼，逐步成长起来，纷纷走上了管理和技术领导岗位。他们在杨启业身上学到的不仅是吃苦耐劳、认真负责的敬业精神，还有求真务实的实践精神。

4. 杨宇的荆门印象

1970年，即到荆门的第二年，北京石油设计院职工们从席棚里搬出来，住进了盖好的简易板房。杨启业家也分到了简易板房，虽然仍然是冬冷夏热，可是比原来那个不能遮风避雨的席棚好多了，起码有了家的感觉。

这时，全国的工作仍然是以“备战备荒”为中心，各项工作非常繁忙，荆门炼油厂驻地大喇叭里天天定时播放革命歌曲和文章。一心忙工作的家长们顾不上管孩子，给了杨宇这一代人自由生长的空间，密密匝匝的山野丛林、幽暗纵深的防空洞成了孩子们的游戏天堂。

荆门雨水充沛、植物茂密、蛇虫蜿蜒，可供孩子们玩的空间很大，也很危险。在杨宇的记忆中，荆门树多路少，每天上学要穿过一个茂密的树林，树林里疯长着许多野生萝卜，浓郁的泥土味儿萦绕鼻尖。雨后，从树林路过，林中泥泞不堪，脚经常陷进泥里，常常一脚低一脚高地走出树林。那时候，小杨宇经常想：这个地方什么时候才有北京那样的路呢？

假期里，学校组织孩子们砸石子铺路，这是全国许多地方的孩子们做过的事情。每个孩子领一把小锤头，任务是把大块石头砸成小块，再把小块石头砸成碎石，有单位统一收集，用来修路。八岁的杨宇砸石子很卖力，还挣过二两肉票。在他眼中，南腔北调的叔伯阿姨们都穿劳动布做的衣服。父亲杨启业的“标配”则是一副眼镜、一身藏蓝色劳动布衣裤、一双解放球鞋、一个白帆布工具包。

这是杨宇整个童年中最清晰的父亲形象。

杨宇记得，总是忙碌的父亲曾很难得地带他进城看过一回电影。杨宇坐在自行车前大梁上看前轮旋转，感觉爸爸很神奇，尽管山路颠簸，他还能骑得这么快，杨宇心里有说不出的幸福感。看电影是那个时代为数不多的娱乐生活，放映内容有《地道战》《地雷战》《南征北战》《英雄儿女》等电影，还有与时事政治密切相关的新闻简报和科技片。

一天，单位紧急通知大家集体观看当晚的卫星升空。大人们放下手里的工作，聚集到驻地空地上，这是杨宇最难忘的事。在荆门山林的怀抱里，男女老少、大人孩子抬头仰望卫星的情景，至今仍历历在目：在月朗星稀的空中，中国第一颗人造卫星像一颗闪闪发亮的星星，一点点划过夜空，向天外飞去，身边的收音机里、驻地的大喇叭里同步传来激动人心的《东方红》乐曲。这时，聚集在一起的人们发出巨大的欢呼声，有不少人跳了起来，拼命挥舞手中的衣服和帽子。杨宇看到平时很沉稳的父母，那天晚上也非常兴奋。

1970 年 4 月 24 日 21 时 35 分，我国第一颗人造卫星“东方红”1 号在甘肃酒泉一举发射升空成功，21 时 48 分进入运行轨道，21 时 50 分向全世界播送《东方红》乐曲。卫星发射目标是“上得去，抓得住，看得见，听得到”。“东方红”1 号的成功发射，开创了中国航天史的新纪元，使中国成为继苏、美、法、日之后世界上第五个独立研制并发射人造地球卫星的国家，这是多么让中国人为之骄傲的壮举！

直到今天，“东方红”1 号仍在太空遨游，祖国的强盛激励着每个中国人为之奋斗。

5. 一张全家福

1971年年底，荆门的冬天湿冷异常，杨启业和陈红英的二儿子杨宁出生，给这个小家带来了很多欢喜。

荆门炼油厂的建设任务格外忙碌，陈红英边工作边带孩子，一个年幼、一个尚在襁褓之中，肩头仿佛挑着的是一座山。于是，她把母亲从老家请到荆门帮助照料孩子。让人难过的是，几个月后，陈红英的母亲却在荆门去世了。不久，杨启业夫妻又请到当地一位邻家阿婆帮忙照看两个孩子，这才解了燃眉之急。

那时候，单位给女职工的产假是56天。有的同事没有亲属帮忙照看孩子，孩子出生56天后就必须送进托儿所。年轻的妈妈们上午下午各有半小时进托儿所喂奶，其余时间则和男同事一样伏案工作、参加现场施工。

按照当时的说法，北京石油设计院是个“知识分子成堆的地方”，知识分子要接受工农兵的再教育。有人称知识分子为“臭老九”，甚至主张要斗倒、斗臭，直到毛泽东主席提出“老九不能走”，知识分子境遇才得到改善。一天，在荆门建设工地上，由建设单位工人打出的混凝土台出现了“蜂窝麻面”，这属于质量事故。但是，当事者不想承担责任，硬说是北京石油设计院的知识分子不懂技术，才造成的质量事故。有关方面命令现场的北京石油设计院技术人员把台子砸了重新浇筑。尽管满腹委屈，大家还是忍辱负重，连夜砸掉了那个不合格的混凝土台。

在建设工地上，一切围绕装置建成投产开展工作。设备、管线时有变更，边设计、边施工是常态，根本来不及仔细绘制标准图纸。参加装置设计的技术人员必须尽快画出装置草图，工人们直接参照草图施工建设。杨启业与李荣楣等人守在施工现场配合工人作业，用尺子测量标注尺寸，直接用粉笔“放大样”。有些经验丰富的“八级工”老工人，也会善意地给他们提出修改建议，帮助他们弥补实践经验缺乏造成的某些设计缺陷。

在忙忙碌碌中，他们迎来了一个又一个春节。只是荆门的春节并没有给他们留下多么深刻的印象。虽然除夕前后能放假三天，可大家依旧在加班中度过每一天。只有周日下午，大家才会离开办公桌休息半天。女人们端着大盆小盆围着工地的自来水龙头洗衣服，男人们处理积攒了一周的家务事。家家户户把家常的日子过得如水般平静，因为在他们心中，一家人生活在一起，这本身就是幸福。

荆门是中国最热的地区之一，盛夏时节很不好过，酷暑难耐、闷热难当。人们蹲在板房里就如同蹲在热锅上，蒸烤得汗流浃背。由于办公条件极其简陋，画图这项工作变得非常困难、艰辛。为了不让汗水打湿图纸，杨启业他们画图时，只能一边擦汗一边伏案工作。

板房不隔热，白天晒了一天，晚上热气腾腾地像蒸笼。夜里热得睡不着，大人孩子不停地在席子上“烙饼”，紧贴席子的地方被汗水洇湿，印出一个个人形大水印。驻地附近有名为龙泉的一汪池水，一年四季寒凉如冰。热极了的大人孩子趁着幽幽的月光，跳进池子里解暑降温，凉快一阵子再接着睡。当地老乡曾警告他们：“这样贪凉可不行，将来容易生病。”果然，不少泡过龙泉的人落下了关节痛、静脉曲张等病痛。

1973 年春夏之交，杨启业一家人笑意盈盈地在龙泉中学一处栏杆旁合影。40 多年后的今天，这张黑白老照片显得那样弥足珍贵：杨启业挺拔而消瘦，陈红英温婉又年轻，穿娃娃罩衣的杨宁在妈妈怀里东张西望，杨宇依在父亲身旁，个头儿和爸爸的肩头一样高。阳光透过白墙灰瓦，从浓密的树叶间洒下，照得池水波光粼粼。这张珍贵的全家福，铭记着荆门生活难忘的瞬间。

关于荆门，北京石油设计院的老一辈人一直想着那里的冷与热，白昼是明晃晃的热辣或如影随形的刺痛，夜晚是片段式断断续续的存在或一座黑沉的冰窖。夏天热得要命，冬天冷得要命。杨启业等老一辈炼化人吃苦耐劳，他们是炼化事业这座“大厦”最坚实、最稳固的奠基者。

6. 不断迎接挑战

1973 年 12 月，石油工业部筹备建设石家庄炼油厂，杨启业奉命参与这一建设项目。按照上级要求，他要先到北京接受具体任务安排。杨启业和同事赵伟凡拿到火车票后，先到分管荆门炼油厂的湖北潜江油田开了介绍信，接着又赶到武汉，到湖北省革命委员会开介绍信。“省革委”一名工作人员冷冰冰地甩给他俩一句话：今天是雷打不动学习时间，不办公。

杨启业心急如焚，人家不盖章，他们就不能按时出发。火车从武汉出发，预计到达北京的时间是第二天早晨七点，石油工业部定的开会时间是 8 点，火车是万万耽误不得的，会议更是误不得。杨启业把车票拿出来递给那名工作人员看出发时刻，好说歹说，整整“磨”了两个小时，直到下午两点多钟，“省革委”的工作人员才同意盖章。

时任北京石油设计院院长的朱康福在火车站附近买好午饭，焦急地等候杨启业和赵伟凡的到来。杨启业和赵伟凡匆匆赶到时，饭早凉透了，所幸总算赶上了即将开走的火车。

1974 年元旦，杨启业独自在北京过节，顺利完成了任务的交接后已临近春节，杨启业回到荆门和家人一起过春节。

1974 年 2 月初，春节一过，新的任务立即下达，要杨启业立即启程，奔赴玉门炼油厂参与 12 万吨/年提升管催化裂化装置的设计审定。对杨启业来说，参与任何一项工作都是学习知识、增长经验的宝贵机会，他接受了这项新挑战，全身心投入工作中。

随着新型分子筛催化裂化催化剂的研制成功，北京石油设计院瞄准当时的国际先进技术，在经过大量的理论研究和试验工作后，与兄弟单位合作，在甘肃玉门炼油厂成功设计并投产了中国第一套 18 万吨/年分子筛提升管催化裂化试验装置。

在石油工业部的组织下，玉门炼油厂将床层催化裂化装置第一次改建成为分子筛催化剂提升管催化裂化工业装置，杨启业参加了此次设计审查和不同方案的标定工作。由于这次改建使用的催化剂与改建前不一样，工程设计中不仅要将床层反应器改变成提升管反应器，而且要对“生产最大汽油收率、最大柴油收率、最大液化气收率”三种不同产品方案进行标定工作。这为杨启业提供了学习提升管技术的大好机遇，他高度重视、处处留心学习，从而掌握了一套完整的催化裂化工艺技术。

7. 归心似箭

1974 年，国家设立了燃料化学工业部。成立之初，燃料化学工业部就做出决定，将支援荆门“三线建设”的北京石油设计院职工迁回北京参加新的工程建设。消息传来，大家欣喜异常、归心似箭，家家户户忙着收拾家当、打包装箱。

此时，杨启业在玉门出差，陈红英带着孩子们为搬迁回北京收拾行李。父亲不在家，12 岁的杨宇费力地帮妈妈打包。打行李卷儿需要力气，母子俩总也捆扎不好，隔壁的赵伟凡伸出了援手，帮了他们不少忙。在几年的同甘共苦中，大家已经建立了深厚的情谊。

1974 年 3 月，北京石油设计院的职工们千里迢迢从荆门踏上返回北京的路。不过，这次的目的地不是六铺炕，而是北京市房山县。陈红英带着两个孩子跟大家一起奔赴下一个目的地——燕山，行李将一直从荆门托运到北京房山石楼站。到底在什么样的地方安家呢？大家做好了充分的心理准备，迎接未知的新生活。

此时，杨启业并不知道家人已经回京的消息。他做完玉门的项目，从玉门坐火车到郑州，又从郑州赶到武汉，买了张到荆门的火车票。

接待站的工作人员惊诧地告诉杨启业："你们那里的人已经搬走了，恐怕已经到了北京！"

杨启业赶紧把去荆门的火车票退掉，买了到北京的车票，在燕山脚下一座简易办公楼拥挤的走廊里，终于找到了妻子和孩子们。

北京石油设计院的职工们从 1969 年离开北京，到 1974 年回到北京，整整在荆门生活工作了五年。这次重新回到北京，他们即将在这里谱写新的篇章。

据史料记载：1971 年到 1975 年是中国发展国民经济的第四个五年计划时期。"四五"计划于 1970 年开始进行编制。1973 年，中共中央两次修改"四五"计划的高指标，逐步调整了以战备为中心的战略，开始强调经济效益，注意沿海和"三线"地区并重，大规模的"三线"建设进入收尾阶段。经过 1975 年邓小平主持的整顿工作，"四五"计划基本完成。北京石油设计院的职工们将在燕山脚下，完成"四五"计划任务，迈开向"五五"进军的步伐。

第六章

燕山纪事

1. 东方红炼油厂前传

1974 年的东方红炼油厂，已经改名为北京石油化工总厂。北京石油设计院包括杨启业在内的一批技术人员，从建厂开始就参与了建设。此次从荆门回到北京，一方面是为了北京石油设计院落户北京打基础；另一方面也是为了进一步参与北京石油化工总厂和国内其他炼油厂的建设。

20 世纪 60 年代，中国在开发大庆、胜利两大油田之后，为就近解决北京和华北地区的石油产品供应问题，于 1966 年决定在北京建设一座大型炼油厂。

1967 年 2 月 14 日，国家计委批准了石油工业部的建设方案。当时出于战备考虑和不占耕地的要求，以及要遵循“靠山、分散、隐蔽”的选址原则，经多方勘察，国家计委、中央军委总参谋部、石油工业部和北京市共同决定，厂址选在房山县周口店一带，并定名为东方红炼油厂。从此在首都西南猫耳山下、凤凰岭之上一道荒凉贫瘠的山沟里，东方红炼油厂诞生了。如今，经过 50 多年的艰苦创业、顽强拼搏、发展壮大，昔日的炼油厂已发展成为现在的国内外知名的大型石油化工公司——中国石化燕山石化公司。

东方红炼油厂设计年加工能力为 250 万吨“燃料-润滑油型炼油厂”，被国务院、石油工业部、北京市列为重点工程项目，并作为北京市向国庆 20 周年献礼项目之一。目标确定之后，石油工业部任命李世源(原石油工业部生产技术司副司长)为筹建处主任。李世源被称作东方红炼油厂第一个创业带头人。

有位名叫张广明的见证者回顾并记述了东方红炼油厂的建设历史。

“在布满花岗岩的山地搞建设是非常艰苦的。开山劈石、削峰填谷，为建设大军开辟出符合安装条件的施工场地是首要任务。按照设计规划，仅建成一期工程就需要移动150多万土石方。有人推算，如果摆成高宽各1米的矮墙，可达1500多公里，相当于北京到广州的距离。只一项凤凰亭装油站台的场平工程，就需要搬掉3座小山，填平3条峡谷，总工程量达50多万立方米，等于在花岗岩上硬是开出一片平地。当时的交通条件也不通畅，直达炼油厂的运输车辆只能绕道房山走周口店公社西庄村到胜利桥。在那里最先矗立在半山腰的是一块巨大的标语牌，上面红底白字赫然写着毛泽东主席的题词‘看来发展石油工业，还得革命加拼命’。这也是当年千千万万创业者真诚的心声。全国正掀起‘工业学大庆’的高潮，东方红炼油厂自破土动工之日起，就把大庆建设的经验贯穿于整个建设、生产等各项工作当中。职工们住在冬不暖夏不凉的四处透风的大工棚内，吃的是定量供应的粮油，穿的是粗布工作服。冬天狂风怒吼，夏日酷暑难当。为了抢任务，经常加班加点，日日夜夜奋战在工地上。凭着乐观向上的拼搏精神，建设者们提出了‘先生产，后生活’的口号。由于当时炼油厂的建设处在‘文革’初期，社会上大搞‘停产闹革命’、批判‘唯生产力论’，建设者们一方面与恶劣的自然环境做斗争，一方面又要跟非常恶劣的政治环境做斗争。北京所处地理位置特殊，在周恩来和邓小平先后主持中央日常工作的有利条件下，建设者们冲破各种阻力和干扰，在指导思想上，学习大庆‘两论起家’和‘革命精神与科学态度相结合’的创业态度；在精神状态上，继承了‘有条件要上，没有条件创造条件也要上’的创业精神；在基建组织上，采用了大庆油田大会战的模式；在职工队伍建设上，发扬了大庆‘三老四严’‘四个一样’的工作作风。经过14000多名建设者13个月的团结拼搏，东方红炼油厂一期工程提前竣工投产。”

由亲历者记述可见，一座炼油厂的崛起，是多么浩大的工程！

2. 挑设计大梁

胜利炼油厂 120 万吨/年催化裂化装置动工之际，单位人事变动，部分同事离开北京石油设计院到胜利炼油厂参加后期施工，杨启业参加了东方红炼油厂的装置设计工作。

1967 年春，北京东方红炼油厂的建设拉开了序幕。北京石油设计院根据“靠山、分散、隐蔽”的方针负责该厂的全厂设计，一期工程包括十一套炼油装置及相应的储运系统和公用工程。为了确保首都近郊这一重大国家项目顺利实施，石油工业部先后从全国调集了七支建设队伍和三个科研单位参加建设，而北京石油设计院在东方红炼油厂的全厂设计中挑大梁，发挥了十分重要的作用。

东方红炼油厂于 1968 年破土动工。1969 年 3 月 27 日，第一座重 187 吨的炼油塔——常压塔高高耸起，银灰色的塔身在蓝天下闪闪发光。塔身上书写着一行“中国人民有志气”的标语，显示出石油工人的豪情壮志和为国争光的决心。8 月 8 日，随着一声嘹亮的汽笛声，“毛泽东”号机车徐徐驶进新建成的房山石楼原油转运站台，第一车大庆原油运抵东方红炼油厂。9 月 9 日凌晨 2 时，常减压装置生产出第一批成品油，从此结束了北京“只耗油，不产油”的历史。工人们用彩绸把油样瓶装扮一新，送到北京市“革命委员会”，向党中央和毛主席报喜，向北京人民报喜，向国庆 20 周年献上了一份厚礼。

一期工程于 1969 年建成，一次试运行投产成功后，二期工程相继上马，尔后又分门别类建成了一批化工企业。东方红炼油厂形成了一个门类齐全的石油化工基地，发展成为中国国有特大型石油化工集团。

3. 一个蚊帐就是一个家

时间再回到1974年年初，根据燃料化学工业部的指示，赴荆门的北京石油设计院职工返回北京，参加北京石油化工总厂30万吨/年乙烯工程会战，支援东方红炼油厂的二期工程建设，住宿和办公地点位于北京燕山区羊耳峪。艰苦的生活继续磨砺着北京石油设计院职工们的群体意志。

初到燕山时，职工们无处可住，大人孩子挤进了矗立在燕山山坳里的一座简易办公楼。

那座简易楼既是大家的办公地点，又是集体宿舍。屋子不够用，走廊上也住满了人，只留下一条窄窄的甬道供人们侧身通行。每个同志分到一张床板，男孩儿跟父亲住，女孩儿跟母亲住，一个蚊帐就是一个家。同志们因陋就简，白天把铺盖卷起来，伏在床板上描绘炼油厂蓝图；晚上把被褥铺平，卧在床板上歇息疲倦的身心。居住办公都在狭窄的空间里，工作与生活没有分界线。

大楼里有一个集体灶，有孩子和老人以及生病需要补身体的同志才能用炉灶做点东西吃。一日三餐很简单，从简易楼步行去食堂打饭要走一刻钟，常吃的主菜有萝卜、白菜这些适合冬天储藏的菜，主食是馒头、窝头，米饭很少见。

不久，为改善拥挤的住宿条件，北京石油设计院从东风化工厂借到一块空地盖起几排席棚房。家有病号、孩子小需要照顾的职工可以分给一间。

1974年夏天，杨启业一家四口在简易办公楼里住了三个月后，搬进了北京西南郊燕山东风化工厂附近的席棚生活。

住席棚并不舒适。在杨宁幼年的记忆中，冬天格外冷，来自西伯利亚的北风呼啸着从泥巴糊的芦苇墙缝隙中钻进屋里，冻得人激灵灵打冷战。妈妈陈红英用输液瓶灌上热水当暖水袋，为杨宁温暖冰窖似的被窝。

杨宁印象最深的是：父亲杨启业天天加班，回到家总忙着写写画画，直忙到半夜，父亲手绘的米字格图纸整洁漂亮，尺子、计算器、笔是父亲手边常用的工具。父亲常提的手提尼龙袋简陋结实，里面装着的永远是参考资料和记满数据的小本。即使再好奇贪玩，杨宁也不敢动父亲的东西，他知道那些“宝贝”对父亲有多么重要。

有时半夜醒来，杨宁发现父亲还在工作，冰窖似的屋子被一个小小的灯泡笼罩在温和的光晕里。杨宁想不明白，父亲怎么会有那么多干不完的活呢？

夜深人静，孩子们沉入梦乡。在一盏台灯下加班的杨启业，搓了搓冻得有些僵直的手指，握住笔继续专注于复杂的工艺计算。陈红英递过来一杯热水，杨启业报以微笑。夫妻间多年来养成的默契无须语言表达，杨启业对妻子的感念之情全部溶解在一个微笑里，如水波纹般一圈圈化开，荡漾在他消瘦的脸上。

每天早早起来点炉子，这是忙碌的杨启业所能分担的少数家务活儿之一。火苗舔舐小铁炉，水壶滋滋冒出热气，屋子渐渐暖和起来。杨宁起床时，爸爸已经出门上班去了。

如今，回想起在燕山的童年生活，最让杨宁佩服的是父亲杨启业和母亲陈红英的事业心。父母辈的专注和安静，深深影响并潜移默化地烙印在杨宁的性格中。

从1974年到1976年，北京石油设计院的职工们在简易楼和席棚里挤着住了两年多，克服了许多生活上的不便和困难，工作毫不懈怠，从未停止探索的脚步。

4. 诞生在席棚里的发明

1974年，北京石油设计院回迁到北京燕山后，李荣楣到工艺室催化组工作。直至1996年退休，李荣楣和杨启业一直在一起工作。李荣楣说，杨启业的最大爱好就是工作，他是典型的“工作狂”。

催化组的主要工作是，设计催化裂化生产装置。催化裂化是炼油的关键工艺技术，是近代石油加工工艺中比较先进的方法之一。催化裂化技术是在催化剂存在的情况下，加速裂化过程，并使反应过程按一定方向进行，从而得到高品质石油产品的一种技术。固定床催化裂化就是在进行催化裂化时，催化剂在反应器内固定不动；移动床催化裂化就是催化剂的颗粒在反应器内与油蒸气呈逆流而行。移动床催化裂化采用3~5毫米小球形催化剂。流化床催化裂化早期所用的是粉状催化剂，活性、稳定性和流化性能较差。科研人员开发了微球形(40~80微米)硅铝催化剂，并在制备工艺上做了改进。

20世纪70年代中期，具有较高活性和选择性的分子筛催化剂在我国问世，为提升管反应器的发展提供了有利条件。由于提升管反应器与先前同高并列式的床层反应器相比有如下特点：油气和催化剂接近活塞流、减少了返混，而且配套分子筛催化剂比原无定形硅铝的活性要高，产品分布得以改善。因此，由北京石油设计院于1974年开始设计国内第一套年处理蜡油60万吨/年的提升管反应、两器高低并列式的催化裂化装置。

在此之前已经投产的大庆炼油厂催化裂化装置、胜利炼油厂催化裂化装置，是由北京石油设计院与洛阳石油设计院共同设计的。而这一次设计的是武汉石油化工厂大型60万吨/年提升管反应器催化裂化装置，是当时我国最大的一套工业化催化裂化装置，这也是北京石油设计院独立设计的第一套装置。北京石油设计院工艺室催化组杨启业、李荣楣、周婉华、张构柱、张德姜、赵莹莹、张蓉生等同志承担了此次设计任务。

催化裂化工艺流程是由反应、分馏、吸收稳定三大部分组成的，各部分之间上下承接、相辅相成、密切相关。工艺设计的前期工作以计算和绘图为主，大家各负其责，根据预估参数同步开始设计，既有分工又有协作。杨启业担任装置负责人和总设计师，李荣楣负责反应(画安装图)部分，周婉华负责分馏部分，张构柱负责设备部分，张德姜负责工艺安装部分，赵莹莹负责吸收稳定部分，张蓉生负责工艺部分。

当代人很难想象，20 世纪 70 年代，装置设计工作中的计算有多么冗长繁琐。以吸收稳定部分为例，仅预设一个温度值或压力值，就要从头到尾仔仔细细地算平衡，至少得花三个月时间。所以，设计工作者加班加点成了家常便饭。

如今有计算机三维软件协助设计，敲敲键盘、输入数据就能搞定计算，那时候设计者要在草稿纸上套用公式一步步推算，难度可想而知。一把中心木条可以滑动的计算尺、一块三角板、一摞稿纸，用这些简单工具辅助，总设计师杨启业和同事们为装置设计缜密思考、绞尽脑汁，实现了各种可行方案的设计。

尽管烦琐，杨启业审核校对设计方案时，总要把提交的数据全部重算一遍，他的认真细致让同志们十分佩服。只要是杨启业审核过的图纸，绝不会出任何问题，大家都很放心。

设计完成后，设计人员在杨启业的带领下，参与检查现场施工安装质量，指导工艺操作流程直至顺利开车投产，跟踪服务并解决各种技术难题。写开工方案即操作指南非常繁琐，比如：原料投进装置后如何点炉子、怎么升温、升到多少度，完成外围加热才能把油真正引到设备里去；仪表上的指标达到多少才能继续下一步，具体到每一步该怎么走。这些都写得很明确，如同使用说明书，设计者必须具有相当丰富的实践经验和知识储备才行。

计划经济时代，订货流程一般都比较长，从联络、下单、制造、运输到安装，一切按计划进行，有的设备要从苏联订，有的使用国产货。其中，鼓风机、气压机等大型设备订货周期长达一年多。作为装置负责人，有很多问题需要杨启业协调解决。这套装置 1974 年设计，1975 年订货，1976 年施工，1978 年投产，时间跨越 5 个年头。

1978 年 1 月，武汉炼油厂 60 万吨/年分子筛催化剂提升管催化裂化工业装置建成投产，取得了开车一次成功的好成绩，达到了当时国际上催化裂化技术的先进水平，标志着中国催化裂化技术包括催化剂研制、工艺与工程技术研究达到了自主研发和工业化应用的新水平。它是石油工业部部署的我国首套大型工业化装置，更是杨启业作为装置设计师、催化裂化专家、装置负责人，从幕后走到台前独立完成的标志性项目。这套装置从设计、施工到开车投产具有划时代意义。很少有人知道，这种分子筛催化剂提升管催化裂化新技术，是杨启业他们在席棚里研发出来的。

由此开始，杨启业和同事们又先后设计了多套催化裂化装置，比如石家庄炼油厂 120 万吨/年催化裂化装置、燕山第二套 120 万吨/年催化裂化装置等。这些装置的不断建设投产，推动了中国炼油事业的进一步发展。

5. 历史节点

从参与第一套催化裂化装置开车起，杨启业就发现在装置运行过程中，分子筛催化剂上会沉积许多反应过程中产生的炭，明显降低分子筛催化剂的活性和选择性，使催化剂失去活性而失效，对轻质油的收率带来严重影响。要使分子筛催化剂恢复活性和选择性，必须运用催化剂再生技术。于是，杨启业的眼睛盯上了催化剂再生技术。

为了催化裂化这朵“金花”开得更鲜艳，杨启业敢做吃螃蟹的第一人，硬是冒着风险把催化裂化领域的各个再生家族开发出来，多种催化剂再生的工程技术逐步达到国际先进水平。

1976 年 9 月 9 日，是伟大领袖毛主席逝世的日子，杨启业记得很清楚。那天，他正在洛阳炼油厂做试验。他当时的想法与全国人民一样，化悲痛为力量，早日拿出科研成果。他通过加大风量反复试验发现：要保持烧焦罐有常量，即要使高速床床层有催化剂存在的话，必须外加循环催化剂，否则要变成“稀相输送”。也就是说，设计这种催化裂化装置必须外加一根循环管。杨启业把他得出的这个宝贵经验详细地记在小本子上。

1976 年 10 月粉碎“四人帮”后，广大技术人员焕发出极大的工作热情，努力把耽误的时间抢回来，技术进步的热望激励着每一个人。

这时，北京石油设计院肩挑两个援外炼油厂的重担：援助阿尔巴尼亚建设的巴尔什炼油厂于 1976 年完成全部设计，先后派出了 40 多名工程技术人员赴阿尔巴尼亚，解决了该国高硫原油(硫含量 6.1%)加工带来的问题；援助朝鲜建设的新义州化工厂于 1981 年正式移交朝方，前后七年里共派出 30 多人赴朝。

1977 年，我国自力更生建成的新疆独山子炼油厂 60 万吨/年分子筛提升管催化裂化装置，实现了炼油工艺的第一次革命。北京石油设计院杨启业、周婉华等专家参加设计的该项工程，荣获国家级优质工程奖银奖。

1978 年春季，设计人员决心在常减压装置上瞄准世界先进水平，通过上海炼油厂老装置的技术改造搞出个样板来，为全国炼油厂的节能带一个好头。他们比较了大量的改造方案，仅换热流程的计算方案就装满了一大抽屉，他们多次深入现场摸清现状，反复测定真空度及馏分宽度等。由于全部改造工程是利用装置二十天大修期完成，施工时员工们甚至一连顶两三个班，既当设计代表又当施工员；开工中大家24小时不下岗、不睡觉(也睡不着)，盯着操作情况，及时研究处理问题。这一改造于1979年11月完成并全面标定，装置能耗从 24.6×10^4 千卡/吨降至 16.1×10^4 千卡/吨，而当时全国平均水平是 28.9×10^4 千卡/吨。改造的成功推动了全国炼油工业的节能，截至1982年底，有28套常减压装置参照上海炼油厂完成了改造工程，成为祖国炼油战线上一道亮丽的风景。

1979年，北京石油设计院在承担荆门炼油厂60万吨/年蜡油同高并列式床层流化催化裂化装置改造中，采用了分子筛提升管——高效再生新工艺，即“带外循环管的烧焦罐式高效再生技术”。鉴于分子筛催化剂含碳量越低其活性就越好这一性能，对分子筛催化剂的利用便推动了再生技术的进步，致使催化裂化技术得以取得革命性的变化。尽管很艰辛、困苦，这一步终于使我国在技术上得到了跨越式的成功——不但使加工量提高到了80万吨/年，而且轻质油收率从四年前的69%提到78%，吨原料催化剂单耗也由1.5千克降到0.4千克。

在催化裂化技术上，原料、催化剂、产品、设备四者之间有着科学的匹配关系。要应用提升管技术，催化剂的活性必须改进，石油化工科学研究院先行建立催化剂实验室，以闵恩泽为首的老专家们着手研制新型催化剂，从小型试验到玉门炼油厂的12万吨/年中型催化裂化试验，取得了初步成功。原料性质的劣质化、再生负荷的大大提高，对再生工艺的要求日益苛刻。在20世纪80年代，北京石油设计院经过刻苦攻关，发扬通力协作的精神，在湖北荆门炼油厂率先设计并投产中国第一套带外循环管的烧焦罐高效再生催化裂化装置，在快速床流态化和高效再生领域取得了卓越的成绩。

短短几年中，北京石油设计院成功开发了大连石油七厂我国第一套自行设计的多金属催化重整、上海炼油厂 1 号常减压蒸馏装置节能改造、荆门炼油厂催化裂化全提升管反应和带外循环管的烧焦罐式高效再生、YL3000 烟气轮机等新工艺、新技术、新设备。据统计，1979 年至 1983 年，北京石油设计院共获得石油工业部优秀科技成果奖 14 项(其中一等奖 6 项、二等奖 8 项)。在全国科学大会上，北京石油设计院共获奖 12 项，这是具有里程碑意义的重要历史节点。

6. 走出国门

十年“文革”，使我国与国外的技术交流大幅度减少，我国与世界炼油水平已经缩小的差距又被拉大了。度过了一场劫难，1978 年，中共中央、国务院在北京隆重召开了全国科学大会。邓小平同志在大会上重申“科学技术是生产力”这一马克思主义基本观点，号召大家“向科学技术现代化进军”。这次大会的召开，迎来了科学的春天。此后，在石油工业部领导的直接关怀下，为杨启业等一批专业人才提供了施展才华和技术创新的舞台，使我国炼油工艺与国外的技术交流力度不断加大，加快了炼油技术的发展速度。其中，与美国石油化工行业的交流还是很重要的。

1972 年 2 月美国总统尼克松访华，中美两国的关系进入了一个新的历史时期。1978 年 12 月 16 日，中美发表了建交公报，1979 年中美正式建交，邓小平访问美国。在这样的历史背景下，国际交流日益扩大。

1978 年，我国拟引进炼油厂急需的“分子筛脱蜡(临氢降凝)和柴油加氢精制”联合装置，这套装置是美国的工艺技术。这也是改革开放起步前，中国炼化行业第一次购买美国的工艺技术，总承包方是日本千代田公司。

1978年6~12月，胜利炼油厂引进80万吨/年催化柴油加氢和20万吨/年催化脱蜡的合同谈判，在国家外贸部一间会议室里进行。杨启业作为主谈判代表参加谈判，胜利炼油厂派出的谈判人员是车间主任李毅中。中外技术交流在特别严肃的气氛中展开，会谈有严格的纪律性：白天，中方和总承包方千代田公司代表会谈交流；午饭时，外贸部派出的翻译人员要写出报告交给外事部门，汇报谈判内容；晚上，集体讨论谈判相关细节的会议一直持续到深夜。每晚杨启业还要详细列出第二天的谈判提纲、向上级报备后才能休息，第二天还要早起为新一轮谈判做准备。

在交流过程中，杨启业不放弃任何一个学习的时机，他积极发问，要求外方讲解自己不明白的工艺技术点；当天的交流结束时，还给外方留“作业”，通过外方技术人员的答复，尽可能从中了解更多知识。通过这次技术会谈交流，杨启业深有感触，国内的炼油技术水平距离国际先进水平还有很大差距，未来的路任重而道远。

1979年4~7月，北京石油设计院副院长李玉龙率领专家团出国访问，杨启业是成员之一，这也是他第一次走出国门。他们到美国、日本参加设计联络，中国专家团受到了美方的热情接待。在中国驻美大使馆，杨启业看到了来自美越战争的新闻报道，炮火纷飞的画面震撼着他的心，也进一步坚定了他为祖国科学技术作出贡献的决心。

在美国，杨启业争取到了一个进入实验室观察的机会，能够亲眼观察试验过程是非常难得的。在美国公司工作的美籍华人们告诉杨启业，华人在美国并不被信任，他们只能负责小型试验，没有资格参与中型或大型试验。

在美国人的实验室里，杨启业惊奇地发现：实验过程中，美国专家在催化剂里加入了沙子。为什么这样做？美方专家解释，装了沙子以后把空间填满，模拟实际反应环境，做出来的实验数据将来就能在工厂里应用参考。当年的技术引进比较开诚布公，外方代表认为中方代表认知肤浅，说了也没什么妨碍，对于杨启业的疑问并不设防避讳。

杨启业心里一震：研究院的科研人员从未在实验中这样做过，做出的实验结果和工厂里的实际情况的确不一致。杨启业心里明白，这一实验方式的改变至关实验模拟结论的精确性。他立即打电话给他的老同学、抚顺石油研究院的老总讲述了这件事，建议国内学习借鉴国外的做法。

中国工业起步之初，炼油工艺规程的制定依靠苏联专家指导。由于历史原因，中国的技术规程比较陈旧落后，急待更新完善。杨启业在美国考察时，结识了一位毕业于西南联大的美籍华人专家，两人结下深厚友谊。这位美籍华人专家把国外的先进设计规程翻译成了中文，为标准化管理提供了可参考范本。参加技术引进的设计人员接触到了国外标准规范，初步了解国外工程公司的有关情况，通过与外国专家的合作交流，逐步掌握了国际通行的工程设计标准、设计程序和规范。

1979 年，由北京石油设计院参与，相继引进了多套炼油技术和成套设备，如引进日本日辉公司采用美国环球油品公司技术建设的天津石油化纤厂，引进日本千代田公司采用美国联合油公司技术建设的齐鲁石化公司柴油加氢装置，引进采用美国飞马公司技术建设的齐鲁石化公司柴油临氢降凝装置等，对我国的炼化事业发展起到了一定的促进作用。

完成考察任务回国后，杨启业他们做的第一件事就是上交外方图纸。当时，北京石油设计院里还没有复印机这样先进的设备，杨启业连夜抄写数据，复制出了草图，便于以后研究学习。

赴美国和日本参加设计联络使杨启业开阔了视野，收获很多。此后，中美两国的催化裂化专家每两年进行一次互访交流，切磋探讨相关专业技术，互通有无、共同进步。

7. 重返故地

1979 年，荆门炼油厂计划对 20 世纪 60 年代投产的催化裂化装置进行改造，改床层再生为快速床的高效再生。北京石油设计院派出的一位员工在荆门炼油厂研究高效再生技术，其中的分离技术采用的是中国科学院的研究成果。试验时，高效再生装置反应温度过高，设备被烧裂了，改造遇阻，项目被迫中断。

1979 年 5 月，刚从国外考察回来的杨启业接到北京石油设计院通知，要他到湖北荆门炼油厂参加高效再生技术项目攻关，在石油工业部的组织领导下，去解决再生装置反应超温过高这个棘手的问题。

接到出差命令，杨启业、周婉华、李荣楣、张蓉生几人火速赶到车站，卧铺票和坐票都已售完，为了不耽误工作，大家买了站票匆匆上了火车，旅途辛苦自不待言。

多年后重回湖北荆门，杨启业他们一下火车，百感交集。过去的岁月从瓦砾杂草深处扑面而来，那座当年住过的龙泉中学像一位历史老人，见证了一个群体所经历的艰难困苦和自强不息，以及一代知识分子身上隐忍着的超凡的意志力。对女同胞们来说，荆门炼油厂最大的变化是能够洗澡了。他们当年支援“三线建设”时，几个月都没办法洗澡，这是爱干净的女同志们最不能忍受的。这次出差到荆门，生活条件大为改观，大家可以住招待所，可以洗澡，还能吃上热乎饭，比支援“三线建设”时期好多了。

来不及故地重游，一行人匆匆投入了紧张的装置改造项目中。这项攻关，杨启业担任校审人，李荣楣负责反应部分，张蓉生负责装置部分。

杨启业深入现场调查，催化裂化装置有反应器和再生器，怎么从再生方面提高效果，让炭烧焦的效果更好，把催化剂的活性很好地显示出来？他很快弄清了试验不成功的症结所在，并拿出了新的设计方案，提出按照新的设计方案实施改造的建议。胜利炼油厂有一套催化裂化装置暂时没有投建，杨启业立即向石油工业部打报告，请求把那套装置先调到荆门炼油厂，替换原有设备中烧毁的部分。在杨启业他们的努力下，试验准备工作做得很充分。

8. 阻力重重

装置按照杨启业的新设计方案完成改造后，要进入开车阶段。开车前，石油化工科学研究院的几位老专家专程赶到荆门炼油厂，观测分析杨启业设计的新装置，在技术上给予了充分肯定。

可是，开工并不顺利，一开始就出现了滑阀泄漏问题。杨启业研究提升管催化裂化工艺时开发了这种滑阀，滑阀的重要作用是控制催化剂的流量，催化剂沿着滑阀内的导轨在再生器和反应器之间通行。经过一天紧张检修，泄漏问题解决后重新开车，装置生产平稳。经检测，产品收率、产品质量均比较好，唯有催化剂在烟道里跑损得特别厉害，大大超出了正常情况。这可是要紧的事，因为催化剂相当昂贵，这个问题解决不好，会造成重大经济损失。

这时，有些人对杨启业的设计方案提出了异议，而且各种非议、不同方案的争论扑面而来，连续几天召开了研讨会进行辩论。会上有人尖锐地提出：杨启业应该承认设计方案有错误，并承担相关责任。当时有两种对立的意见：一种是支持他们继续试验下去；

另一种是坚决要求中断试验，让再生器恢复原样，仍旧采用单段再生。杨启业知道，工程量大、投资大，把设计全部推翻，不仅会造成巨大经济损失，在技术探索上更是一种倒退，当时生产任务比较重，一旦再次停工，炼油厂损失很大。

开车不顺利是杨启业最担心的事。在巨大的压力下，杨启业一遍又一遍地思考设计方案的方方面面。杨启业坚信，他和同事们殚精竭虑、付出心血拿出的工艺设计是非常严谨的，技术上没有问题，催化剂跑损很可能是设备某一部分出了故障，等到检修期查找原因进行改进应该能解决。经过反复研究、论证、分析，杨启业进一步确信自己的设计没有问题。于是，他再三劝说厂方坚持把装置开下去，并向厂方提出了一个最合理的对策方案："运行一段时间后再看问题到底出在哪里，等检修时再改进，这样工作量小、投资小、技术新。"

为此，石油工业部也派出了工作组，到荆门调查此事。为了能坚持试验，杨启业带着同事们跟石油工业部和设计院打了包票：一定会成功的！工作组负责人对杨启业的专业能力深信不疑，决定支持杨启业的意见，让设备继续开下去，等到停工检修查找原因后再做决断。

9. 心头重担

一个人坚持己见、不被理解，所承受的心理压力是非常大的。问题到底出在哪里？这个疑问一天不解决，就像一座大山那样压在杨启业心头，许多个日日夜夜，他都在思考中辗转反侧。

周婉华说，大家心里都是不服输的，试验已经进行了这么长时间，怎么能半途而废呢？杨启业的压力相当大，心里憋着一股劲儿，在现场对很多数据积累分析得很透彻。经验告诉他，他们离成功的距离并不远。

为了查清问题所在，杨启业、周婉华、张蓉生等专攻催化的专家在湖北荆门炼油厂度过了一个无比酷热的夏天。每天早晨，三人都要走一段山路去施工现场，观测记录数据。最热的一天，杨启业、李荣楣、张蓉生三人爬到装置平台上，用 U 形管测试反应情况。太阳烤灼得钢铁装置格外炎热，人处其间，就像在蒸屉中，落脚之处如同铁板烧，脚只能不停地来回倒替着落地。测取合格的测试数据是件很有难度的事，如果压力掌握不好，水会跑掉，又得重新灌水测试。为了一组数据，三人在平台上一站就是两三个小时。有一天，专注于观测数据的张蓉生往后倒了一步，后背贴上了一处阀门，顿时腾起一团蒸汽。李荣楣吃惊地看着张蓉生，他的背心烫得像张破网，背部皮肤一下粘掉一大块，顿时血肉模糊。当时，高达 200 多度的蒸汽管线密布四周，且没有裹保温层防护，非常危险。大家赶紧把张蓉生送到医院治疗。

在长达一年的时间里，杨启业和同事们轮流到荆门炼油厂去值班三个月。反复试验多次，试了几个方案都不成功，催化剂跑损问题依然严重。

1979 年 9 月，杨启业作为设计开发人员参加了这个项目的最后一次工业试验。他抓住这次难得的机遇精心研究，做了不同装置的对比，掌握了高效再生操作技术的一整套要领。

尽管这段前行之路阻挠重重，面对前所未有的质疑，自信的杨启业还是咬紧牙关顶住巨大的压力，他和同事们几度南下到荆门调研，坚持让改造好的新装置继续生产了一年。

10. 云开雾散

荆门炼油厂厂方将信将疑地采纳了杨启业的建议，连续开车运行一年，检修期一到，立即停车检查。

杨启业和同事们再次赶到荆门炼油厂检修现场，一起查找催化剂跑损的根源。检查结果发现，内循环系统内二级旋风分离器的一根料腿焊口开裂，原料和催化剂进入旋风分离器后，无法全部进入床层，部分催化剂从裂口处溢出，从而导致催化剂跑损过量。真相终于大白，早在杨启业预料之中的设备故障终于找到了。

经过焊接处理后，装置重新开工生产，催化剂跑损明显减少，生产效率大大提高。让大家欣喜的是，排放到空气中的烟气透亮，这说明催化剂跑损疾患得以彻底消除。透过烟气，远处山上的标语清晰可见，困扰了大家一年的问题终于水落石出。去除了胸中块垒，杨启业的心里也终于亮堂起来。

至此，杨启业和同事们努力拼搏，前后历经了十三次“试验—失败—再试验”直至成功的挫折反复，峰回路转，使首套催化裂化高效再生工业化试验装置在荆门炼油厂终获成功。这迟到了一年的结论，彻底祛除了杨启业心头的乌云。

1980 年，通过标定得出的各项技术指标均超出预期：处理量增加了，催化剂单耗降低了，收率提高了。

杨启业记录下一组喜人的数据，写下一份极具价值的标定报告：

结果证明，改造后取得了良好的投产收益，催化裂化装置的处理能力从 60 万吨/年提高到 100 万吨/年，汽油收率提高 11%，总轻油收率提高 6%，催化剂损失由改造前最好水平的 1.2 千克/吨降到 0.5 千克/吨。改造后的实际生产综合效益按 80 万吨/年处理量计算，每年多获利税 3800 多万元。这项技术由于取得明显经济效益，很快被推广到大连、济南、茂名、锦州、石家庄等全国 20 多套装置上应用，标志着中国“流化催化裂化高效再生技术”已跻身于当时的世界先进水平。

在前后长达两年的试验期，杨启业顶住了各方面的压力，不畏难、不气馁，不管外面的风言风语，坚持把试验完成，付出了很大的努力，开拓出了一条坚毅自信的创新路。

凝聚着杨启业、张蓉生、周婉华心血的“带外循环管的烧焦罐式高效再生技术”于 1988 年获中国石化总公司科技进步一等奖、国家科技进步奖二等奖。推广到全国各地，多达几十套装置在各地炼油厂得以应用，至今还继续为国家做着巨大的贡献。2014 年，我国又投产两套同类型装置：中国石化安庆石化公司 200 万吨/年催化裂化装置、中国石化齐鲁石化公司 260 万吨/年催化裂化装置。

有谁知道，历经考验的杨启业曾经隐忍了怎样的委屈与苦衷？后来得知，当年质疑杨启业的人曾向组织提出职务要求，因未被批准而萌生私心，借由催化剂跑损这一问题百般刁难，以图个人目的。杨启业听后一笑置之。一辈子不求名利的杨启业说，要想真正成就一番事业，必须有一颗无私无畏的公心。

通过反复的实践，杨启业也发现，这项技术尚有不完美之处：外循环管设计得不合理，旋风分离器当时做的初旋效果也不好，操作不稳定，快分技术也不成功。杨启业决定带着大家继续做设计。1987 年，北京石油设计院与清华大学、中国科学院化工冶金研究所合作试验，旋风分离器研发成功。1991 年，北京石油设计院先后跟中国科学院的力学所、石油大学合作开发的快分技术经历几次失败后终获成功。

11. 如愿以偿

出生于1932年的杨启业，经历了新中国各个发展阶段和历次政治运动。他在求学期间，一直坚持认真学习的原则，从不因为参加政治运动而放弃专业学习。1957年，“反右派”运动中，杨启业在读的北京石油学院停课两周。杨启业一边参加运动，一边仍然坚持读书学习。“文革”中，不少人脱产参加运动，杨启业和他们的一批同事，则坚守岗位，保证了工作的连续性。回顾历史，无论风云怎样变幻，杨启业始终走在探索的路上，从未偏离方向。全身心投入炼化事业的杨启业从不跟风，他的理想是在所擅长的专业领域做出成绩、报效祖国。

历史告诉我们，人生际遇并不复杂，唯在于选择——选择动摇还是坚守，选择停步还是行走，选择什么就会经历什么，怎样选择就有怎样的结果。经过时间的发酵，后人会给予历史较为客观的评判，仁者见仁，智者见智，而真正的智者经得起时间的考验。

在不同的历史阶段，杨启业从不为世事所扰，在他热爱的炼化领域里领衔技术攻关，做了大量有益的探索。杨启业用他的毕生专注给出了自己智慧的回答，他的心始终追随炼化事业发展进程热烈地跳动。

1974~1978年，杨启业担任武汉石油化工厂60万吨/年提升管反应器流化催化裂化装置的设计负责人。

1976~1980年，杨启业担任石家庄炼油厂250万吨/年常减压和120万吨/年提升管催化裂化联合装置设计审核人。

1978年6~12月，杨启业负责胜利炼油厂引进80万吨/年催化柴油加氢装置和 20 万吨/年催化脱蜡装置合同谈判，并于 1979 年 4~7 月到美国、日本进行设计联络。

1979 年，杨启业在荆门炼油厂催化裂化装置改造中承担了带外循环管的烧焦罐式高效再生技术攻关项目，先后到上海、新疆等地考察。

1981 年年初，催化裂化再生技术开发成功，杨启业负责其工艺方案和设备结构、型式的确定，参加工业试验、技术总结，在推广使用中完善和提高高效再生新技术，到 1985 年有 13 套装置正常运转。

这是年近半百的杨启业交出的一份成绩单，他忙碌的身影出现在各个开工现场。尽管已不复当年那样年轻，杨启业依然精力充沛，被巨大的力量推动着勇往直前，像球场中的“前锋”，像冲锋陷阵的战士，不停歇地打好技术攻坚战。

新中国成立以来，要求加入中国共产党是杨启业的强烈愿望，在递交了入党申请书后，他以自己的实际行动接受着党组织的考验。1983 年 12 月，51 岁的杨启业通过组织严格考察，如愿以偿加入了中国共产党。他的入党介绍人是原工艺室党支部书记阙道悠，工艺组组长周婉华提供了证明材料，行文严谨认真，字里行间满是对杨启业的敬意和钦佩，透着浓浓的时代气息。

1975~1992 年，周婉华任工艺组组长，杨启业任工艺组副组长。

12. 苦乐年华

工作与生活犹如两条并行线，在岁月中向前延伸。

刚搬到燕山时，职工们的户口在北京城里，孩子们无法在燕山当地入学。每逢周末，职工们在北京南站和燕山之间倒车接送孩子回家。北京石油设计院领导与当地有关部门多方协商，解决了适龄孩子就近入学的难题，杨宇回到父母身边上东风中学，杨宁上东风小学。

为了改善设计院职工们的居住条件，燕山基建指挥部在名为羊耳峪的山窝里选好一块开阔地建设生活区。虽然是要盖平顶砖房，可毕竟要结束住简易楼和泥糊席棚屋的艰苦生活了。消息传来，大人孩子欢欣鼓舞，对新家的渴望激动人心。每天忙完工作，职工们就赶到工地帮着盖房子。他们拿出曾在湖北荆门参加基建劳动练就的一手绝活儿，推水泥车、拌水泥，把一块块水泥板打得十分漂亮。

1976 年，设计院 600 多名职工集体搬进了羊耳峪的新家，尽管每户只能分到一大一小两间约 20 平方米的平房，可家家有小厨房，从此能开灶做饭了。这样简单的生活改善仍然让职工们心中洋溢着无比的幸福感，职工们在羊耳峪一直住到 1984 年。

每天早上，一列火车响着汽笛急驶而来，钻进山洞又钻出山洞，一路远去。在列车的轰鸣声里，在群山的怀抱之中，羊耳峪开始了一天的生活。

随着国家建设的步伐加快，炼油厂在全国各地纷纷上马。杨启业更加忙碌，经常是刚刚风尘仆仆地踏进家门，又接到了出差的任务。家务事落在陈红英一个人肩上，漫长的岁月中，陈红英用她的坚韧独自抵抗艰苦生活的侵蚀，一家人的日子过得平和安然。即使忙碌的杨启业很少分担家务活，陈红英也总是微笑着，仿佛没有什么难题解决不了，更没有什么可值得着急上火的。

忙碌的杨启业、陈红英夫妇很少有空做饭，每天下班后带着孩子们到食堂排队打饭，全家人习惯了这样简单的生活。杨启业虽然把主要精力都用在工作上，可对孩子们的爱是深埋在心里的：在出差途中路过商店，会给孩子们买点山楂片、糖块之类的小零食。每当出差回来，看着孩子们开心地抢吃着他带回来的小零食，杨启业和陈红英总是露出欣慰的笑容。

在当时的条件下，企业为了改善职工生活，经常用产品换农副产品，作为福利发给职工。北京石油设计院却不具备这种条件。杨宁发现，有的同学常吃父母单位发的罐头和冰棍，自己家一日三餐只有硬窝头、棒子面粥、咸菜等饭食，生活条件差了不少。当他问父母的时候，杨启业和陈红英给他讲自己在旧社会受的苦，教导他要在生活上低标准、在学习上高标准。

学校离工作生活区有半小时路程，所有的孩子从一年级开始走路上学。大人们忙大人的事，没空接送，那个时候也没有接送孩子上学这种习惯。羊耳峪很少有汽车行驶，自行车也不多见，民风淳朴，孩子们自由自在地上学和放学。

放学后，杨宁和小伙伴们常去南山坡玩。南山坡上有最佳的烘烤场地，寻一处光洁的花岗岩，铺垫树枝烧成炭，把白薯或土豆焖在里面，然后边玩耍边期待一顿美味的野餐解馋。

杨启业每天早起，重复着办公楼、食堂、家之间三点一线的简单生活。如果不出差就去施工现场，基本过着两头不见太阳的生活。尽管工作区、生活区就在一个大院内，杨宁还是很少能见到父亲的身影。杨宁早晨上学时，父亲早就去上班了；杨宁晚上入睡时，父亲还没回家。有时照面，父亲杨启业问杨宁最多的一句话是：作业写了吗？

那时的孩子没有太多课业负担，更不被大人娇惯，属于“散养”和“放养”状态。家长只是象征性地问问，并不过多管束孩子，繁忙的工作让他们无暇顾及。在羊耳峪封闭独立的环境里成长，杨宁的童年过得自由自在。

东风厂附近的小河沟蝶舞蛙跳，很是热闹。中午放学后，杨宁和小伙伴们跑到河沟边玩耍，逮鱼摸虾，流连忘返。常玩的游戏很多，有时围成一圈，把从垃圾堆里捡来的烟盒叠成的“方宝”扇得倍儿响；有时弹玻璃球；有时自己动手用铁丝、橡皮筋做弹弓，赢了像得胜的将军，输了痛定思痛，屡败屡战。玩耍之余，杨宁也凑热闹跟着大孩子捡煤核，贫瘠的生活教会他们为大人分担生活的重担。

记忆中，冬天特别冷。寒冬腊月里，北方孩子最爱玩的就是冰车，几乎家家都有。冰车都是手工制作的，一块木板下固定两根角铁或者粗铁丝，就做成了冰车，或坐或蹲或站在冰车上，双手攥住手杖往后一撑，冰车带人就朝前滑了出去。爱冒险的大孩子们玩的叫“单腿驴”，就是独轮冰车，是用一根木条、一根角铁做成的，速度及灵活性很高，平衡特别难掌握。滑起来飞快，一会儿向左拐，一会儿向右拐，一会儿原地转圈，在冰面上划出一道道冰痕，时有冰花溅出。孩子们玩得不亦乐乎，天黑都不舍得回家。

北京石油设计院的职工子弟们就在这样自由的玩耍和对美好生活的期待中悄悄长大了。

冬天，家家户户都要储存“爱国菜”。大白菜是我国北方秋菜生产的重要品种，也是城乡居民冬春食用的主要蔬菜。北京大白菜统购包销的历史起于 20 世纪 60 年代初，那个时候每年北京市政府都要成立保障指挥部专门解决北京人都能吃上大白菜的问题。在计划经济时期，由于生产面积大、数量多、上市时间集中，稳妥地搞好大白菜的生产、收购和销售是列入政府工作的重要内容。

每逢节假日，杨启业忙完工作就要骑上自行车驮杨宁去东风厂区买大白菜。只要不出差，买米、买面、换液化气罐这样的力气活就由杨启业来干。杨宁记得，那时身板硬朗的父亲把一罐几十斤重的液化气罐扛到肩上，走起路来虎虎生风。

工作以外，最让家长着急的是孩子生病。

一天，杨宁牙疼。杨启业凌晨四五点起床，骑上家里那辆凤凰牌 28 型大自行车，沿起伏不平的坡路费劲地颠簸前行，赶到离羊耳峪很远的总厂医院排队挂号。天亮时，陈红英再带杨宁出发去医院替换杨启业，不耽误他赶回来上班。

高三那年，杨宇患了甲型肝炎，杨启业心急如焚。一位医生开出一个偏方：用燕山当地一种树叶煎水喝治疗肝炎。恰巧药房里就有这味药，疗效果然显著，杨宇很快痊愈。只是时隔多年，杨启业已记不起到底是什么树的叶子了。

13. 燕山羊耳峪

杨宁记得，1976 年，邻居家有台 9 英寸电视机，一群孩子一窝蜂似的拥挤到邻居家看电视节目。虽然电视机只有 9 英寸，可是它在孩子们眼中却是那样神奇又广阔无边。毛主席逝世的消息也是通过电视广播的，大人们陷入悲痛中，五岁的杨宁尚不明白发生了什么事。

20 世纪 80 年代初，北京石油设计院贷款给职工们每家 500 元钱购置电视机，用于改善单调的业余生活，杨启业、陈红英夫妇也抱回家一台 12 英寸的黑白电视机。那时全国工资水平普遍很低，500 元就是一笔巨款。添了电视机这样的大件，工资每月得扣除一部分还贷，杨家的生活更拮据了些。

尽管只能看中央一台、中央二台、北京台等仅有的三个台，电视节目也以新闻联播为主，杨宁还是很高兴，并不觉得 12 英寸的银屏世界有多小。看电视的乐趣无穷，家家户户的孩子们高兴得像过年。一家人围坐在电视机前，其乐融融地吃饭、讨论节目话题，幸福指数随之提高。杨宁记得，一旦有空，父亲杨启业最爱看的电视节目一定是体育赛事，足球、乒乓球、排球都是他的最爱。

20 世纪 80 年代，正是中国女排最辉煌的时期。中国女排于 1956 年第一次参加了第二届世锦赛，半决赛中国队 3 比 0 零封日本，决赛 3 比 0 横扫拥有魔鬼主场的东道主秘鲁，史上首次夺得世锦赛冠军。从1982年到1986年，中国女排先后获得了两个世锦赛冠军、一个亚运会冠军、一个奥运会冠军、一个世界杯冠军，完成了令世界惊叹的“五连冠”。女排精神正是20世纪80年代的中国精神象征，各行各业都向女排学习，杨启业和陈红英也是这样。

乒乓球运动也深受欢迎。职工们工作繁忙，办公区里的篮球场、乒乓球场成了孩子们的运动天地。抢不到乒乓球台案的孩子就在地上用粉笔画一个，几块砖头一拼作为“界网”，蹲着打球，热热闹闹地度过课余时间。

此外，一个足球就能解决很多男孩子的娱乐问题。庄稼收割后，大院外空着的农田成了孩子们的足球场，大孩子跟大孩子踢，小孩子跟小孩子踢，孩子们冻得通红的脸颊上洋溢着纯真的快乐和幸福。

孩子们常玩的还有三毛球，又叫板羽球、毽球，是以木板拍击羽球的一种球类运动。它是中国在抗日战争时期物质困难条件下发展起来的一种群众性体育活动，比赛方法与羽毛球相似，但需用的场地条件和用具比较简便，中华人民共和国成立后，推广到全国各地。

最让杨宁难忘的是露天电影，每周放映一次，备受老少热盼和追捧。北京石油设计院工作生活区依山而建，坐落在羊耳峪的怀抱里，东西北三面环山，唯南面是东高西低的缓坡，谁也不知道那面坡原本的地名，所有老北京石油设计院的职工们都把它叫作南山坡。其地势的天然高低起伏，给放映露天电影创造了得天独厚的地理条件。电影放映队把南山坡东面坡顶的一间小屋改成了放映室，几个放映员利索地在西面坡底两根圆木杆上哗哗拉起大幕，人们携马扎、小凳沿缓坡面向西一排排地坐好，一个像模像样的露天电影院就成形了。

杨宁记得，放电影的日子一到，孩子们就开心地呼啦啦冲向南山坡。在晴朗的星空下，小小的南山坡拥挤着坐满了大人孩子，火爆的场景让杨宁至今记忆犹新。也只有这样难得的夜晚，平时忙碌的爸爸妈妈才有可能暂时放下手头的工作，随孩子们一起搬个马扎挤坐在人群里，全家人团聚在南山坡，兴致盎然地一起看电影，和银屏上的英雄们同喜同悲，放松一下疲惫的身心，第二天好精神抖擞、心无旁骛地投入忘我的工作中。

露天电影是对贫乏生活的褒奖，那喜悦中的浩瀚视觉盛宴，使这山峪里闭塞单纯的生活充满了幸福的味道。那个年代，看电影是件非常奢侈的事。南斯拉夫的《桥》在杨宁幼小的心灵里播下了乐观英雄主义的种子，扯起四个角的大幕在风里鼓成一面白帆，引领孩子们展开梦想的翅膀，向未来起航。杨宁的注意力也从眼前的玩乐转移到更为广阔的天地中去。

14. 下山回城

1984 年，北京石油设计院(已划归中国石油化工总公司)迈出了发展史上的重要一步，从燕山羊耳峪迁到北京市内，地点在北京钢铁学院(现北京科技大学)附近。新办公地点在北京石油学院对面，紧邻北京钢铁学院。从 1974 年到 1984 年，北京石油设计院的参加燕山石化小组的这部分职工在燕山羊耳峪住了整整 10 年。

喜气洋洋的职工和家属们由燕山羊耳峪“下山”，迁回城里安家落户，每家分到了 70 多平方米的居所，生活终于安定下来，大家乐观向上地开始了新生活。

SEI 院志记载：1970 年到 1983 年，是北京石油设计院职工饱尝艰辛一路前行的历史阶段。

1978 年 12 月 7 日，原并入北京石油化工总厂设计院的人员回归母院，经国务院批准，单位命名为石油工业部北京石油设计院。分开了 8 年的职工终于重新会合在一起，时有职工 1353 人。

1983 年，中国石化集团的前身中国石油化工总公司成立，这是北京石油设计院和燕山石油化学总公司设计院发展历史上的重要里程碑。北京石油设计院直属中国石油化工总公司领导，更名为中国石油化工总公司北京设计院，从此进入较为稳定的发展阶段。

在漫长的岁月中，经历了长途搬迁、四海为家的颠簸生活，经受了凤凰涅槃般的考验，杨启业等老一辈炼油人与我国石油工业共命运的初衷始终没有动摇。回首往事，老一辈专家们不禁感叹：从 1969 年离开北京到 1984 年回到北京，他们经历了 15 载的异地漂泊，怎不叫人唏嘘呢？

热烈庆祝设计院建院 40 周年，参加燕山石化小组的主要同志合影

随着改革开放的深入，祖国的面貌日新月异，人民的生活一天比一天更好。历尽艰苦奋斗的岁月洗礼，SEI 进入了更为辉煌的历史阶段。

第七章

十年磨一剑

1. 春风又度玉门关

20世纪80年代初，甘肃省玉门炼油厂计划把处理能力50万吨/年的催化装置改造为双提升管催化裂化装置，由玉门炼油厂设计室设计出了初步的改造方案。为了确保万无一失，石油工业部授命杨启业审核设计并把关，进一步修改完善设计方案。

玉门关，汉武帝时期因西域输入玉石取道于此而得名。唐朝王之涣在《凉州词》中写下著名诗句，描写了边塞凉州雄伟壮阔又荒凉寂寞的景象：

黄河远上白云间，
一片孤城万仞山。
羌笛何须怨杨柳，
春风不度玉门关。

古人传唱的《凉州词》，已随风沙悄然隐去。当年的边关建立起了一座石油城。

中华人民共和国成立后，国家急需发展自己的炼油工业，当时的炼油规模显然不能满足国家的需求。为此，国家将南依祁连山、北靠戈壁滩、东邻万里长城“边陲锁钥”嘉峪关、西通“东方艺术明珠”敦煌莫高窟的玉门炼油厂作为我国第一个“五年计划”（1953—1957年）中的重点项目来发展。

玉门炼油厂抓住机遇加快发展，凭着敢于挑战困难的精神，克服资金匮乏、技术落后、设备短缺等一道道难题，通过艰苦奋斗，提前完成了第一个“五年计划”，炼油加工量比新中国成立前增长了7.8倍，创造了炼油扩能改造的一个高速度，在中国石油发展史上书写出绚丽的篇章，奠定了在中国炼化行业坚实的地位，实现了炼油史上的第一次飞跃。

截至 1959 年，玉门炼油厂新建装置 11 套，原油加工量达到 50 万吨/年，相当于新中国成立前 10 年加工量的总和。

从 1959 年到 1979 年，是玉门炼油厂工艺上全面进步、各系统综合配套的重要时期，成功建成我国第一套分子筛提升管催化裂化装置，掀开了发展的崭新一页。1974 年，玉门炼油厂原处理量为 12 万吨/年的催化裂化装置就是杨启业设计的。他对玉门炼油厂的装置是非常熟悉的。因此，在接受了 50 万吨/年催化装置改造任务时，杨启业深知，一项技术是否能最终成功，关键在于工程设计上是否成熟。

杨启业细心研读了设计蓝图，对关键技术审慎把关。他发现引流管的位置太高，需要降低。此外，一根原设计直径为 300 毫米的管子引发了大家激烈讨论：这个尺寸到底行不行得通呢？

“没问题！”——讨论会上，思考再三，杨启业拍板的一刻斩钉截铁、毫不含糊。杨启业向来有自己独到的见解和主张，凭着深厚的理论学识和丰富的现场经验，他完全有把握定夺。

杨启业于盛夏和寒冬两度到玉门炼油厂检查施工质量，生产实践给他创造了绝佳的学习提高的机会。玉门炼油厂最初选用的是荷兰进口催化剂，因成本太高，改用石油化工科学研究院自行研发的催化剂。这样一来，工艺数据也会发生一系列变化。杨启业作为生产装置的设计者，要及时采集数据、分析数据，根据分析结果对装置情况做出研判，从而确定最佳生产方案。

玉门的平均气压为 76.8 千帕（比标准状态低 24.5 千帕），随着海拔升高，气压降低，导致水的沸点降低，水达不到 100℃ 就沸腾，所以玉门的饭总也做不熟。连什么苦都吃过的杨启业也觉得难以下咽，一天最多能吃得下一个半生不熟的馒头，喝几碗酱油汤。尽管感觉不适应，杨启业并不在意。历经酷暑严寒，杨启业专心完成了共计 6 个月的调研工作，写出了一份翔实的标定报告。

由杨启业和玉门技术人员共同开发的提升管技术设计图日臻完善，工程建设投产很顺利。这套试验装置开车成功，给了杨启业更多信心。可以说，玉门一“役”，促使他把提升管技术完完全全掌握了。

玉门炼油厂的发展，为中国炼油工业的发展提供了可借鉴的经验。这其中，有杨启业院士的一份功劳。

2. 国家立项

多年来，在炼油行业有句老话：“催化一响，黄金万两。”随着中国国民经济的高速发展，能源工业和车用燃料的需求及国内原油资源的日趋紧张的趋势，对石油炼制行业提出了新的要求。催化裂化装置作为炼油企业最主要的二次加工装置和主要的车用燃料生产装置，对提高重油的裂化深度、提高企业的经济效益具有举足轻重的作用。

直到 20 世纪 70 年代末，我国催化裂化原料仍以直馏减压馏分油为主，也加工部分如焦化、热裂化产出的轻重瓦斯油，残渣油料还很少作为催化裂化原料。但是，由于压缩重油作为燃料油的比重，已成为改变我国燃料结构的既定方针，因此，增加重油加工，提高原油加工深度将成为必然趋势，催化裂化原料必须向残渣油料扩展。

如何加大原油利用率、提高渣油的加工深度？以大庆为例，过去产出的常压渣油都是作为燃料送进锅炉的。能不能把这些渣油经过催化裂化深入加工后，产出汽油、煤油和柴油等轻质油品？这是

20世纪80年代初期的主要研究课题。

在此历史背景下，“大庆常压渣油催化裂化技术”被国家科委批准列为“六五”(1981—1985年)科技攻关项目。原北京石油设计院承担了这一重点项目，这一攻关课题包括两项内容：一项是完成“大庆常压渣油催化裂化技术”开发并实现产业化；另一项是采用自主开发的技术建设一套全新的催化裂化装置。

20世纪70年代以前，国外催化裂化原料中不掺炼渣油，考虑到中国大庆原油中对催化剂有害的镍和钒含量很少，老一辈专家们在没有成功先例可以参照的条件下，主动创新，组织实验厂进行掺炼大庆常压渣油的催化裂化试验，在无须取热的条件下实现了平稳生产。

1981年初，为了用好一亿吨石油，提高加工深度，增加企业效益，石油化工科学研究院在燕化炼油厂进行试验，在同高并列式流化裂化装置进料蜡油(减压馏分油)中，首次掺炼了3%~5%的任丘常压渣油，使轻质油收率达到65%~69.3%，试验取得成功。从此，催化裂化掺炼渣油的禁区开始打破。

在不断学习吸收国外先进技术的基础上，为了加速我国炼油工业的发展、跻身国际先进行列，原石油工业部于1982年5月成立了炼油技术攻关领导小组(1984年改由中国石油化工总公司领导)，并在其领导下成立了催化裂化专业组，将国家科委重点攻关项目——“大庆常压渣油催化裂化技术”作为重要攻关内容。

在北京石油设计院、石油化工科学研究院(RIPP)、洛阳石油化工工程公司(LPEC)和石家庄炼油厂等单位共同努力下，攻关组上下“一盘棋”的大协作优势得到充分发挥，先后取得了反应动力学、再生动力学、高效设备、内外取热等方面的一大批成果，达到了预期的目的。

从加工轻质油到加工渣油，这是一个很大的进步。

3. 调研取经

20世纪80年代，石油工业部购买了国外催化剂和部分设备与内部组件，但引进的重油催化工艺技术中并未包括取热技术。杨启业发现，美国石伟公司在重油催化工艺上的改造并不太成功，受取热技术所限，石伟公司的重油催化装置只能达到80万吨/年的水平。

重油催化的关键核心部位是再生器，由于处理的原料是重油，再生器中的焦炭燃烧过程所产生的大量热量怎么取出，成了困扰技术人员很久的难题。当时国外各大公司流行的设计是把管子接到再生器中将热量取出，名为"内取热器"。这种取热器并不先进，但是暂时还没有替代它的产品，只能暂时使用。杨启业在对取热器认真研究后，决定研发出更先进的取热器。

子曰："工欲善其事，必先利其器"。装置的改进，对于催化裂化技术的进步非常重要。随着加工原料的改变和需要，杨启业为先进取热器的诞生付出了智慧和心血。

最初，催化裂化装置加工的是轻质油即经减压处理的馏分油，通过常压塔下来的减压二、三线的油，在炼制技术上比较简单，Ⅳ型催化裂化技术就能解决，焦炭的生成量少，不用取热；石油工业部提出新的目标，要求掌握炼制常压渣油(通常在常压塔底的油)催化裂化技术。所要炼制加工的原料变重，焦炭生成量很大，生焦产生的热量如果不取出，装置的温度过高，无法实现工业化生产。

20世纪80年代，国外重油催化裂化技术亦在发展阶段，根本不会向发展中国家透露他们的取热技术，这项攻关意味着要进行无可借鉴的零起点创新。

为了项目成功，杨启业先后到隶属于纺织工业部的上海石油化工总厂，隶属于化学工业部的北京化工二厂、牡丹江炼油厂等单位进行调研取经，分析重油催化裂化特点，负责起草了“六五”攻关论证材料稿，负责起草了“六五”攻关项目可行性报告，参加了整个攻关和设计方案制订。

企业和科研单位之间的调研取经，是很常见的事。调研的深度和作用如何，与参与调研的人员学识和水平有着密切关系。在到上海石油化工总厂调研时，由于纺织工业部买的是国外专利技术，杨启业也担心对方不会交流核心技术。经过事先了解得知，该厂的总工程师曾在兰州化工厂任总工程师，当年向杨启业咨询过催化裂化相关问题，杨启业毫无保留地给出了技术上的帮助，两人因此结下了深厚的友谊。

于是，杨启业到达上海后的第一件事，就是找到那位总工程师，他欣然同意并带领杨启业走进化工厂参观并亲自讲解。他告诉杨启业，丙烯腈反应器内取热器的参数：生产蒸汽压力是 28 千克/平方厘米，反应温度为 450℃。

在了解了上海石油化工总厂丙烯腈装置反应温度和生产蒸汽压力之后，杨启业又了解到北京第二化工厂氯乙烷反应器生产 1.0 兆帕蒸汽，而催化裂化装置再生器是 700℃生产 3.5 兆帕的蒸汽，由此计算出并确定了取热管的规格和材质。

杨启业认真计算、一丝不苟，从理论上分析了分布器的设计。他坚信，外国人能做到的事，中国人也能做到。面对新一轮挑战，杨启业踌躇满志，决定研制出具有中国特色的取热器。

4. 攻坚克难

1983 年，加工大庆常压渣油的催化裂化装置选在了石家庄炼油厂。石家庄炼油厂原设计为处理任丘原油的减压蜡油 120 万吨/年，随着国民经济指标的调整，上级要求将该厂的原油加工调整为 60 万吨/年大庆油。以此推算，催化裂化装置每天的加工量约为 1800 吨蜡油原料，这么小的加工量给装置操作和经济收益都带来困难。因此，上级要求由北京石油设计院负责对装置的设计进行必要的修改，以便加工常压渣油原料。

石家庄炼油厂常压渣油催化裂化攻关项目开始后，遇到了两个难题：

第一个难题就是如何把再生产生的热量取出来。超温会把设备烧坏，把取热问题解决了，催化裂化装置才能开得起来。热量过剩导致焦炭产量较高，也影响产品收率。

第二个难题是喷嘴一定要做得好，雾化要好，反应提升管的停留时间要保证。这些都是需要解决的新问题，必须进行专门的科研攻关。

催化裂化装置反应部分需要热量，由再生催化剂供热。对这些热量的有效利用，每年能为企业节约大量能源，从而提高经济效益。由于渣油催化裂化生产中，装置开车运行，再生器内会产生大量多余的热量，再生温度高达 780℃，设备烧焦的后果是非常危险的。因而，这一过程的取热技术成为关键技术。杨启业的调研正是围绕这一项目而开展的。

从外地调研回到北京的杨启业日夜忙碌，想象中的内取热器终于有了像模像样的雏形。他通过计算画出了一张明晰的装置图，内部结构设计科学安全，就是在再生器内加蒸汽盘管，通过水循环发生蒸汽把热量取出。其原理是：可以通过压力变化调节取热量，把压力降低一点可以多产蒸汽，就可以多取热。掌握了这些技术关键点，就能根据工艺需求计算出换热管面积、负荷需要的管子长度(厚度为100~300毫米的管子保温效果较好)等参数。

为了准确掌握装置运行情况，除了吃饭睡觉以外，杨启业的时间都是在生产装置上度过的。一连几个月通宵达旦地工作，他自测取了1650个宝贵的温度、压力、流量数据。

在杨启业的主持下，经过反复试验，终于在1983年自主设计开发出了工艺技术先进的"内取热器"。

与此同时，杨启业在工程技术上使原料雾化良好方面提出了新思路，针对大庆常压渣油原料特点，设计了特殊的进料雾化喷油嘴，同时加大雾化水蒸气用量，提高提升管反应器中汽油比，使渣油原料雾化和汽化得更好，减少焦炭生成量和抑制重金属的污染影响。赵伟凡、李志强、李荣楣、张必强、黄荣臻等专家参加项目研究并作出了相应贡献。

1983年9~12月，石油工业部在河北石家庄炼油厂设计并投产了中国第一套60万吨/年大庆常压渣油催化裂化装置，在高低并列式流化催化裂化生产装置上实现了进料为100%大庆常压渣油的创新先进工艺，在我国重油催化裂化技术方面开了先河，做出了又一个跨越，投用当年就创造经济效益6000多万元。

此装置的成功投产，标志着中国的催化裂化技术开始走向与西方发达国家具有显著不同风格的重油深加工路线，同时对整个中国的石油加工总流程方案的风格确定起到了深远的影响。减压渣油催化裂化技术在这不断"创新—领先—突破"和研究、开发及应用成功的100余套基础上实施了新的跨越，从而培育和形成了中国石化又一项特有的核心技术。在这些跨越中，杨启业功不可没。

常压渣油催化裂化项目在石家庄炼油厂取得成功，具有自主知识产权的渣油催化裂化技术在石家庄炼油厂实现了产业化应用，这些攻关成果使中国在渣油催化裂化加工领域处于世界领先地位。1986 年，“大庆常压渣油催化裂化技术”当之无愧地获得了“六五”国家科技攻关先进项目阶段成果奖、国家科技进步和中国石化总公司科技进步的两项一等奖。

5. 实践出真知

1983 年，大庆常压渣油装置攻关完成后，中国催化裂化工艺开始大发展，杨启业的主要精力投入到对催化裂化工艺的深化研究，以及普及工作方面。

对于接手的各项工作，杨启业都十分自信：“只要交给我，我都能干得了。”工作几十年间打下的扎实基本功、积累下的深厚实践经验，造就了杨启业的自信。

杨启业说，石油炼制属于先“干”后总结，即先实践再上升为理论高度。大学里教的是方法，起着引路的作用，不是死读书。走上工作岗位后，杨启业通过实际去做，从做中学到很多东西，不干就不会知道。比如，通过具体参与焦化工艺设计和生产过程，杨启业明白了焦化的概念，懂得了如何运用所学方法深入工艺研究，设计制定了工艺流程，为生产车间的正常操作提供了可靠依据。

每次接受工作任务，杨启业都是要先调查了解、熟悉资料，弄明白应该怎么做，然后再把工作开展起来。在一个行业做久了，基本功的扎实与否往往对做好工作有着很重要的作用。炼油行业的原理大同小异，所不同的是：不同装置的操作温度、压力等工艺条件不同、产品不同。“比如常减压装置，”杨启业说，“基本功扎实了，所有问题都能迎刃而解、触类旁通。首先掌握原油分析，有几个产品，就知道应该怎么设计塔、怎么算温度，深入了解原料组成、装置、催化剂、产品质量等主要因素，就没有做不好的设计。”

杨启业用自己的亲身实践证明了这样一个颠扑不破的真理：只有理论基础知识是远远不够的，必须把理论与生产实际相结合，才能拥有真正的知识。

多年来，杨启业做得最多的工作是催化裂化工艺和装置的设计与开工，经验最多的也是在催化裂化专业。尽管他在专业方面已经炉火纯青，但他却从来没有忽视学习，也从来没有任何的漫不经心。许多炼油厂催化裂化装置开工时，都要请他去坐镇指挥、把关。不管有什么大小棘手问题需要紧急处理，他总能及时给出最合理、最有效的处理方案。在每套装置开工前的“三查四定”中，他都检查得非常仔细，他决不允许因为自己的丝毫疏忽导致“失败”两字出现在他的职业字典中。

多年来，杨启业像个不肯卸甲的将军，在一杆帅旗下神气地站定，自信地指点江山，自如地指挥千军万马。朝哪个方向进攻、攻打哪个山头最有战略意义、走哪步棋更有胜算，杨启业都心中有数。

催化裂化装置的新投产、检修后的第一次试运行，行内术语称为“开车”。在此过程中，原料在设备中运行通畅并产出合格产品，称为“开车成功”。

杨启业在参与全国各地炼油厂的建设中，最渴望也是最喜欢听到的话是：

一次开车成功！

一次开车成功！

一次开车成功！

这些令人热血沸腾的喜报频传，一个接一个烙印在杨启业毕生挚爱的催化裂化事业征程中，令他回想起来心中就充满无比的甜蜜和欣慰。

6. 专注科技创新

杨启业自跨入大学校门，在名师熏陶下，对科技创新有着高度重视。他明白，科技创新是无止境的，是推动人类社会发展进步的“原动力”，时代需要创新精神。同样，催化裂化领域也需要创新精神。伴随时代前进的步伐，杨启业一直站在引领催化裂化技术进步的最前沿。

自从第一套催化裂化装置诞生以来，催化裂化产品结构的调整和优化、新的经济增长点的培育、市场竞争力的提高以及新的市场空间的开拓，无不依赖于科技的进步和创新能力的提高。中国的催化裂化技术也伴随着时代发展的大潮，不断创新发展。新中国成立之初，我国还没有能力独立建设自己的催化裂化装置。如今，国产催化裂化装置已遍地开花，这是杨启业无比欣慰的。

我国不断创新的催化裂化科研和工艺工程技术以及与之相应的一系列催化剂，都是先借鉴国外先进技术，然后消化吸收的。在此基础上，结合中国实际加以改造和创新，最终创造出独有技术，实现创新目标。

让杨启业自豪的是，经过多年努力，目前我国催化裂化装置的整个工艺设计、设备构件设计生产，绝大多数都实现了国产化，只有极个别设备零部件来自国外进口，这是杨启业等老一辈专家殚精竭虑、专注科技创新的结果。

国外催化裂化装置的反应器和再生器一直有同高并列式、高低并列式和同轴式等布置形式，而中国早些年建设的催化裂化装置均是同高并列式一种形式。催化裂化装置既要有同轴式的紧凑，又要有烧焦罐的高效再生的要求。陈俊武等老一辈科学家接受了这一挑战，提出了更为新颖的在烧焦罐上部设置大孔分布板、分布板上设置高速湍流床的方案，进行了流态化验证，开发了占地面积少、操作灵活的同轴式催化裂化装置，重点突破了塞阀、工艺控制和两段再生的难点。顺利投产的5万吨/年规模的同轴式催化裂化装置，经中国石化组织专家鉴定后，获得了国家设计金奖和国家科技进步一等奖。

如今，我国已经能够根据企业的工艺流程需求，灵活设计生产规模小到5~10万吨/年、大到350~480万吨/年的流化催化裂化装置了。催化裂化的工程设计已经由“照猫画虎”上升到“生龙活虎”的境界。如果说当年抚顺催化裂化装置开发成功是金花独放，那么现在已经是锦绣满园了。作为中国流化催化裂化工程技术的开发者之一，陈俊武、杨启业见证了中国炼油技术的发展和壮大，内心无比自豪。

“七五”期间(1986—1990年)，杨启业作为负责人，带领张荣克等同事共同参加“七五”重点攻关项目“减少生焦反应和强化再生技术开发项目”，应用于大庆炼油厂75万吨/年催化裂化装置再生器项目，荣获中国石化总公司科技进步三等奖。

在1979年采用“分子筛提升管——高效再生”新工艺即“带外循环管烧焦罐式高效再生技术”的基础上，1986年，中国石化工程建设有限公司(原北京石油设计院)和有关科研单位合作，在大港炼油厂新设计的蜡油进料流化催化裂化装置上，投用了自行开发的具有中国特色的“带预混合提升管烧焦罐高效再生技术”。杨启业负责技术审核和方案制订，周婉华、景金玉、刘瑞芳等同志参加了装置设计攻关，首先在5万吨/年大港炼油厂馏分油催化裂化装置上进行试验，获得成功。

1986年12月，我国第一套“预混合提升管——高效再生催化裂化工业装置”建成。随即，这一“流化技术——大港炼油厂5万吨/年渣油催化裂化”成果逐级上报，先后荣获中国石化总公司科技进步奖二等奖、国家科技进步奖三等奖，为我国催化裂化再生技术开辟了一条新途径。快速流化技术在全国各地的炼油厂推广应用后，都取得了良好效果。

一个又一个技术难点，就像横亘在路上的沟坎，前行的人要么踏平它，要么后退，别无选择。对于专注于科技创新的杨启业来说，他的每一步都是对自我的超越，是对无限可能的不懈追求，是在翻越一座又一座高峰。

7. 拓路先锋

杨启业说：“石化企业必须创新，只有创新才有出路。”为了创新，他敢承担所有的压力和风险。

杨启业结合生产实际，曾研发成功了内取热器。在内取热器的使用过程中，他一直关注内取热器的效率。经过跟踪调查分析，他发现内取热器仍存在取热负荷无法调节的缺陷，还需要进一步改进。内取热器的缺陷是：如果管子损坏，设备就必须停产。必须研究出更成熟的取热技术，彻底解决这个技术难题。怎么更高效地把热量“取”出来呢？冥思苦想的杨启业眼前一亮，既然内部取热不行，那么外部取热能否行得通？

原料油变重，带来了对再生技术的更高要求。为了进一步提高烧焦效率、取消烧焦罐、代之以管式分段给风烧焦，杨启业的下一步目标是，实现催化裂化取热器技术及设备上的新突破。这个想法提出后，得到了大家的认可，于是在杨启业的主持下，研究人员提出了多种外取热器的实验方案，并由他裁定了最后的方案。善于创造性思维的杨启业所设想的是：把催化剂取出来，在再生器外进行催化剂与水换热，通过外取热器降温后回到再生器。外取热器放在再生器外部，可以灵活调节取热量，可多取热，也可少取热。假如取热的管子损坏，只需把两个阀门切断，换新管子即可。杨启业为这项设备技术起了个好理解的名字：外取热器。

再生器床层取热分为内部盘管取热与外部取热器取热(外部取热器又细分为“上流式”与“下流式”)两个系列。在外部取热器结构设计上，科技人员们提出了纵向翅片管高效取热方案，提高了传热效率，使取热器结构更加紧凑化，同时还组织进行了一些过去属于空白的应用基础研究。设计完成后，急需找一个装置做试验。可是，由于当时科研经费普遍不足，很多企业对新项目的投入持谨慎态度，想找到一个合适的试验装置十分困难。

这时候，杨启业经过了解得知，牡丹江炼油厂有套处理能力5万吨/年的常压渣油装置，做试验风险比较小。尽管只有一个联系用的电话号码，他和周婉华仍然莽莽撞撞直接跑到牡丹江联络。巧的是，牡丹江炼油厂厂长刘全平是20世纪70年代大学毕业后分配到荆门炼油厂的，当年北京石油设计院在荆门时，他是一名车间操作员，跟杨启业很熟。两人说明来意后，厂长有些顾虑。杨启业说，即使不成功也有补救措施，把滑阀一关，继续炼轻油，没有多少影响。如果成功了，装置既能炼轻油也能炼重油，对于国家催化裂化事业来说将是一次可喜的技术进步！

杨启业真诚地讲明道理，刘厂长欣然同意给予大力支持，同意杨启业在该厂常压渣油装置上进行工业试验。

杨启业十分珍惜这得来不易的试验机会，他和同事们先后四次北上牡丹江，三次在零下20多度的露天现场做试验。

这个项目牵扯到工艺、设备、热工等好几个专业，需要设计院各部门密切配合，大家心往一块儿想，鼓着劲儿要把事情做成。设计完成后需要申请资金付诸实施，这在当时是很费劲的一件事，设计院根本拿不出这些钱。牡丹江炼油厂继续出资解决了试验需要的资金问题。

半年后，一个构造并不复杂的外取热器诞生了，安装过程十分顺利。杨启业和周婉华、负责设备的刘红艳、原设计院副院长赖周平一直盯在试验现场，四个人连续盯守四十多天。正值盛夏，四人没有洗过一次澡。吃饭时，走廊上的苍蝇扑面而来。在这样艰苦的条件下，年过50的杨启业仍痴迷于试验，白天黑夜地盯守，对生活的艰辛毫不在意。

在这个过程中，杨启业提出了很多方案，做了很多试验，例如：床层中催化剂密度和藏量的提高或降低、催化剂进的多或少，通过试验收集到了大量翔实的数据，即尝试所有的可能性条件，预判可能出现的问题、各类突发性情况的处理预案等。杨启业的小本子上记满了很多试验心得。

8. 重大考验

谁知，设备开车却面临一次重大考验。

当时，国内有家炼油厂在催化裂化装置试验时发生了爆炸，这个意外的消息让人胆战心惊。所以，牡丹江炼油厂正在进行的外取热试验也让不少人心存恐惧。在试验过程中，这个厂的领导担心会发生意外，提前做了预案，让工人们都离开现场。几个现场负责人也悄悄撤退了，只留下杨启业在现场指挥。

凭借长年积累的实践经验和技术，杨启业果断地说："我来操作！"他清楚地知道，操作不当很可能会遭遇爆炸危险。为了掌握最前沿的试验情况，他无所畏惧，自己动手操作，亲手调整阀门，调节滑阀的循环量、流化风量等关键环节。

新事物的诞生，也常常伴随着风险。人人都明白一个道理：探索创新就意味着承担责任、承担风险，这种风险不单是指失败的风险，有时甚至指生命的风险。杨启业明白这个道理，依然坚持去做。要想创新提高，就必须亲自去尝试，必须有胆量承担一切后果。作为一名有抱负的探索者，杨启业在充满艰险的路上披荆斩棘、一马当先。

在杨启业的带动下，北京石油设计院的同事们也和他一起操作仪器和阀门。他们一丝不苟、不畏艰险、全力以赴，终于将带有新开发的外取热器的生产装置成功地开了起来，使这种结构简单、调节灵活、安全可靠的外取热器的工业应用试验取得成功。

试验基本达到了预期效果：使用外取热器使炼制常压重油过程实现了成功取热。在5万吨/年中型装置试验基础上，这一外取热新技术在石家庄炼油厂工业装置上得到应用。后来做放大设计时，对于取热量增加多少，杨启业胸有成竹、掌控自如。

外取热器获得了国家计委、国家科委、财政部颁发的“科技攻关项目表彰奖”，被确认达到国际先进水平，工业试验成功后迅速推广，在全国几十套装置上得到应用。

9. 一项创举

外取热器应用成功后，杨启业在北京石油设计院支持下，申请了美国专利。1989年11月，专利代理商美国石伟公司派人来实地考察。杨启业带美国人去哈尔滨炼油厂和牡丹江炼油厂现场考察外取热器的应用情况，得到外商认可。

于是，经北京石油设计院授权，由美国石伟公司代理，杨启业发明的外取热器成功申请了美国专利，首次将我国的外取热器出口到新加坡、韩国、印度、泰国、阿联酋等国家。从此，国外公司每使用一台外取热器，就要支付给北京石油设计院10~15万美元专利费，至今应用已达到13台，为国家赚取了大量外汇，科技作为第一生产力所蕴藏的潜能在催化裂化领域得以充分展现。

外国公司纷纷订购杨启业发明的外取热器，为中国赚取了大量外汇，这是让杨启业最为自豪的事。不仅国内同行给予高度评价，一向在中国人面前自视甚高的欧美同行也开始刮目相看。张德姜对此深感钦佩："过去我们买的是老外的工艺技术，如今老外买的却是我们的设备技术。"

1990年，该成果获第二届国际专利和新技术展览会金牌，并荣获国家科技发明奖三等奖，中国石化总公司科技进步奖、发明奖二等奖。20世纪80年代末，杨启业创造性地提出了研制"外取热器"的设想，成为我国催化裂化工程技术领域的一项伟大创举，走在了世界的前沿。

10. 大洋彼岸的纠错

石油是不可再生的一次性能源，进入20世纪后，如何利用好石油资源成为世界关注的热门话题。

随着炼油技术进步，应市场需求，炼油厂加工更粗劣的原料［如重油(渣油兑一部分重柴油)］成为必然。我国第一套引进的重油催化工艺技术，是在武汉落地生根的。这项新技术的成功引进，在祖国的炼油工艺发展史中具有里程碑式的意义。

20 世纪 80 年代，围绕国家对每年生产的一亿吨原油要“吃干榨尽”、多加工渣油、减少生焦的要求，武汉石油化工厂、镇海炼油厂计划引进美国石伟公司的催化裂化部分技术。作为装置设计负责人和审定人，杨启业参加了武汉炼油厂催化裂化部分技术的引进工作，张德姜担任配管安装审核人。

1985 年，石油工业部与美国石伟公司谈判，达成了引进反应、再生工艺技术的合作协议。

1986 年 1 月、4 月，为完成武汉石油化工厂 100 万吨/年重油催化改造项目，杨启业担任技术组长，先后两度代表中方赴美设计联络，同行的有工艺专家周婉华、配管专家张德姜、设备专家黄荣臻等。

当今世界，各国之间为了各自的政治经济利益，既互通有无又彼此防范，对核心技术更是严格保密。这次美国之行，美国石伟公司照例只给出设计结果，相关数据则绝对保密，犹如只卖给你一个完整的瓶子，至于瓶子是怎么设计成这个尺寸的，绝不可能告知。杨启业明白，如果我们不解开其中的秘密，就只能一直购买国外技术专利，代价是相当高的。

中方拿到了美国石伟公司给出的方案设计草图。北京石油设计院代表发现，美国石伟公司的方案设计中有自相矛盾之处。结束一天的技术交流回到公寓后，严谨缜密的杨启业马上着手，一个尺寸一个尺寸地细心校核。

夜深沉，窗外的城市无比静谧。张德姜半夜醒来时，杨启业仍在灯下伏案，聚精会神地核算着每个数据。张德姜既心疼又无奈，跟熬夜的杨启业打招呼：“老杨，这么晚了怎么还忙啊？”

“一会儿就睡，一会儿就睡。”杨启业伸了伸疲惫的腰背，继续沉浸在繁琐的数据计算中。杨启业知道，这份草图有明显的不合理处，必须拿出有力的证据。身经百战的杨启业按照自己多年的专业经验逐步推导，连夜计算出了合理的工艺数据。

武汉石油化工厂60万吨/年蜡油催化裂化装置改造为100万吨/年重油催化裂化装置在美国石伟公司设计联络

第二天的交流一开始，杨启业把这份更正过的草图递给了美方代表。尽管中美双方计算方法不同，标注详细的数据完全符合方案应有的工艺要求，美国石伟公司负责人大为吃惊，对于失误也很认账，按照杨启业核算出的数据重新给出了一份正式的设计图纸。

后来，张德姜才明白事情的原委。

当年，国内有两方代表赴美与石伟公司谈判引进工艺技术。一方是北京石油设计院，负责武汉石油化工厂60万吨/年改造成120万吨/年重油催化裂化装置引进设计联络；另一方是洛阳石油设计院，负责镇海炼油厂120万吨/年改造成180万吨/年重油催化裂化装置引进设计联络。中外三方设计联络会谈是同时进行的，美国石伟公司交付资料时，把中方两份设计混为一谈了，所以给了两方代表一模一样的草图。

发现草图有问题后，杨启业找到洛阳石油设计院负责人交流，把美方给两家设计院的两份图纸放在一起对照，发现数据完全一样——这正是问题所在，一份是120万吨/年重油催化裂化装置设计图，另一份是180万吨/年重油催化裂化装置设计图，装置规模不同，数据理应不同。这件事让中方代表哭笑不得，幸亏杨启业细心核算，才得以及时发现并指出了美方错误。

当年，北京石油设计院和洛阳石油设计院同属计划经济下的中国石油化工总公司管辖，两个兄弟单位之间既有良性竞争又有友好的技术交流。李荣楣说，年轻的他们心里有一股不服输的劲儿，在工作上与洛阳石油设计院一竞高下，这种“较量”有助于炼化事业的发展。

第二天的技术交流会上，杨启业趁热打铁，对美国石伟公司设计上的许多不合理处不断提出意见。不断提问的杨启业成为众人之焦点，一个接一个犀利的问题甩给对方，哪儿存在设计缺陷、哪儿还要改进等。美国石伟公司重新核算了数据，修改了设计方案，双方的交流像一场激烈的拉锯战，是一次充满实力对撞的交流。

在这次合作协商中，杨启业非凡的专业能力展露无遗，令美方代表深为钦佩，赢得了美国专家由衷的尊重和信服，使他在国际友人心目中威望颇高。那时，杨启业还不是中国工程院院士，也不是副总工程师，只是一名教授级高工，美国专家钦佩地称呼杨启业为“杨高高”。

合作交流接近尾声时，对武汉石油化工厂现场条件了如指掌的杨启业摇摇头：美国公司不了解武汉石油化工厂的实际情况，给出的这份设计方案还是不行，不符合改造要求。比如，其中一处设计肯定会跟原有设备“冲突打架”的。杨启业深知，外国人的技术在中国本土使用，会出现“水土不服”等各种问题。“旧瓶”装“新酒”有难度，旧项目改造不是件容易妥帖的事，许多后续的工艺设计还得靠自己想办法改进，指望美国石伟公司已经行不通了。

11. 量体裁衣

回国后，在杨启业主持下，北京石油设计院工艺室根据武汉石油化工厂重油改造项目实际需求量体裁衣，重新设计出了更为可行的改造方案。杨启业看着这份凝结着科技人员满腔心血和智慧的图纸，自信地说：这才是最好的！

1987 年，武汉石油化工厂项目改造讨论会如期召开。

北京石油设计院首先拿出了美国石伟公司的方案设计。武汉石油化工厂代表一看着了急：这方案行不通！此后的三天现场会，武汉石油化工厂提出了诸多反对理由，他们明白，如果采用美国石伟公司的方案，许多原有设备就得推倒重建，改造成本太高。

于是，北京石油设计院拿出了杨启业的设计方案。这套方案完全符合武汉石油化工厂的改造需求，得到了业主的充分认可，一举通过了预审。

为了配合武汉石油化工厂重油催化裂化项目顺利施工、开工，杨启业在武汉石油化工厂连续忙碌了近半年时间，张德姜在现场配合施工长达 207 天。

1988 年，武汉石油化工厂引进美国技术的第一套装置终于建成，成功开车投产。至此，北京石油设计院顺利完成了武汉炼油厂重油催化裂化项目改造并收到了非常显著的效益。

杨启业所参与的这次重油催化裂化工艺技术引进谈判，为同行业提供了成功的范例。通过这次谈判，杨启业不仅进一步了解了国外先进技术和谈判方式，也通过自己的优势展现，赢得了国外同行的尊重，为我国重油催化裂化工艺技术进步架起了一座智慧的桥梁。通过这次引进改造，他凭借高超的专业学识和丰富的现场经验，扫除了国外先进技术在国内“水土不服”的障碍，赢得了业主单位的由衷赞誉。与此同时，通过这次技术引进，杨启业与国外专家交流，更彻底吃透了重油催化裂化工艺设计的精髓，为催化裂化实现管道化再生奠定了良好基础。杨启业向中国石化总公司领导建议，要与有关石油化工科学研究院等各方面专家合作，对引进的技术深钻细研，分析并掌握这些先进技术，消化吸收再创新，为催化裂化再生技术开辟另一条新途径。

杨启业的美国之行，为两段再生技术的开发提供了技术保证，他和同事们坚持不懈地进行技术攻关，意味着催化裂化技术又将迎来一次新的飞跃。

此后，长岭、广州、南京等地五个炼油厂相继采用了这次引进的技术，使多加工渣油、减少生焦的水平提高到了一个新阶段。从此，重油催化裂化从引进到在中国遍地开花结果，经历了令人瞩目的飞跃。

1989 年 10 月，杨启业主持了长岭炼化总厂“6000 吨/年提升管式高效再生试验装置”的研究设计。该试验装置 1991 年建成，1992 年开车一次成功。推广到安庆、大庆助剂厂，应用于 60 万吨/年及 200 万吨/年大型工业装置。该成果与国外相比有独到之处，获得国家专利，获中国石化总公司科技进步二等奖。

12. 洋为中用

自我国实行改革开放方针以来，杨启业一直关注炼油技术的发展情况。随着时间的推移，世界各国的炼油技术日新月异。其中，美国的炼油技术无疑是最强的。早在第二次世界大战时期，美国就开发了一些流态化技术，从Ⅰ型到Ⅱ型等。战争结束后，美国各石油公司纷纷深入研究，竞相抢占技术市场，美国的炼油技术发展迅速走在了世界的前列。

中国的炼油技术起步晚，发展受限，在技术上经常受制于人。20世纪60年代，石油工业部曾计划引进一套100万吨/年催化裂化装置，询价的结果是：仅专利费就高达1000万美元，还有设计费、设备费等诸多高昂支出，远远超出了当时国力的承受能力。改革开放后，我国曾进口三套催化裂化装置，改造了大港炼油厂、克拉玛依炼油厂、广西炼油厂，费用都非常高。如何学习国外先进技术，提高中国炼油技术水平，成为石油石化科技人员的奋斗目标。

杨启业说，国际供求关系充满了戏剧性：一旦我们自己掌握了某项技术，外国人给出的价格马上会掉下来。落后就要挨打，只有自行开发新技术，才能掌握主动权。因此，走出一条自己的路尤为重要。

杨启业在抓紧对国内炼油催化裂化技术全面掌握的同时，在消化吸收的基础上对国外引进的技术进行再创新，在再创新的过程中进一步扩大和丰富自己的知识面。

1987年，国内渣油催化裂化技术已经开发出来。但是，国产催化剂指标达不到技术要求，焦炭产率比较高。中国石化总公司领导带领部分专家到美国考察学习交流，杨启业是其中之一。

在美国考察交流时，杨启业发现美国石伟公司的渣油催化裂化技术比较先进，焦炭产率比较低，旋风分离器是最关键的设备，直接关系到催化剂的跑损是否达标。

炼一吨油要消耗多少催化剂呢？杨启业算了一笔账：吨油消耗量跟原料性质、装置性能密切相关，当时的生产标准是每吨原料油消耗0.6千克催化剂；催化剂一跑，装置就没法开下去了。以120万吨/年的装置为例，当时，Ⅳ型催化剂的价值是2000多元一吨，有时一天会跑几十吨，代价是相当大的，装置不得不停车。为了减少大气污染，工艺设计者们仍在不断努力提高工艺设计水平，现在已经能降到每吨原料油消耗 0.3 千克催化剂。

考察了美国的技术后，杨启业深受启发，他向中国石化总公司建议引进美国技术，同时购买美国公司生产的旋风分离器。他主张，催化剂也要买美国的最好产品，以便于国内相关科研部门学习研究，尽快赶超世界先进水平。武汉石油化工厂装置改造时，部分设备订的就是美国货。通过这次购买新技术，杨启业孜孜不倦地学习研究，进一步开拓了思路，对渣油催化裂化技术认知又上了新台阶。

在用美国进口的旋风分离器替代武汉石油化工厂的旋风分离器时，厂方提出了不同意见。他们认为，原旋风分离器投入使用还不到一年，没有必要更换。在这种情况下，杨启业向总公司做了详细汇报，力陈引进先进技术的同时也要引进先进设备的重要性。如愿以偿，总公司批准了杨启业的建议，并决定武汉石化厂引进新设备的费用由总公司承担，武汉石油化工厂同意使用由美国公司提供图纸并制造的旋风分离器。

对此，杨启业是有良苦用心的，他考虑的是：假如将来技术上出现专利纠纷问题，我方使用的旋风分离器是根据美国公司提供的图纸制造的，是经过专利方授权的，这样可以避免不必要的纷争。

在购买美国生产的炼油催化剂时，杨启业向几家美国公司提出的指标要求非常先进：每吨原料油损耗低于 0.2 千克催化剂。通过询价，只有通用电气公司（实际为其收购的布埃尔催化剂厂）接受这个指标要求。杨启业分析了通用电气公司的旋风分离器，发现其分布环等各方面技术都做得都比较好，双方签订了合作意向。

在杨启业看来，购买国外先进技术的钱不能白花，一定得学习人家的长处，而后举一反三，进一步开发具有自主知识产权的新技术，为己所用。

13. 旋风分离器

新设备买回后，为探究其中奥秘、了解新技术的核心设计思想，杨启业向总公司申请了 100 多万元研究资金，邀请清华大学合作一起做试验研究、观察提升管流化情况，邀请中国科学院化工冶金研究所协助做实验，按照其中布局制作中试模型，观察旋风分离器运转的情况以及催化剂、气体如何分布流动。

通过试验，杨启业发现分离器模型内部通道料腿出口 450 毫米处有催化剂打转现象，而美国人设计的分离器内部通道长度为 1210 毫米，且在催化剂打转处加了耐磨衬里——百思不得其解的杨启业不禁豁然开朗！曾困扰他的设备内壁磨坏造成催化剂跑损导致不能长周期运转的难题也迎刃而解，这是以前没有过的新认识。

石油大学也正在研究这个问题，由于受条件所限，石油大学做的都是小型试验。在大庆调研催化剂跑损测试期间，杨启业亲自做过大量催化剂浓度试验，所以对工业生产中的催化剂浓度情况及相关数据熟知并掌握得最清楚，他和石油大学决定合作设计新的旋风分离器。在设计时，料腿尺寸由杨启业来确定。

通过试验研究，他们分析了美国生产的旋风分离器结构——参数应该选多大，进入装置的浓度需要多少。弄通了其中玄机的杨启业，对如何做设计了然于胸。

深思熟虑三天后，喜欢挑战新事物的杨启业拿出了新型旋风分离器的设计图。辽宁营口制造厂承接了旋风分离器的制造任务，杨启业四次到营口制造厂监测设备参数。为了确保设备质量，杨启业和同事们紧盯在生产现场，跟踪整个建造进程。

杨启业所设计的旋风分离器料腿尺寸大得吓人，在大庆炼油厂安装时引起了轰动，一位车间主任惊讶地问杨启业："怎么能做这么大?"

这么大的尺寸确实合理吗？大家纷纷质疑。杨启业的回答打消了所有人惴惴不安的疑虑："进入旋风分离器的浓度是22千克/立方米(烟气携带的催化剂)。我们知道，浓度多大，料腿就要设计多大，这是经过严谨计算的，没有问题!"杨启业很自信，他的自信源于扎实的基本功和长期的经验积累。

杨启业设计的旋风分离器投产运行时，大庆炼油厂总工程师请杨启业监督指挥催化剂的投入，开车非常顺利，催化剂跑料问题基本解决。

买一套设备就要买得值，绝不能再花钱去买第二套、第三套。花大量外汇重复引进国外的技术，是杨启业所不能接受的。"自己掌握了，就不用再买了嘛。"能为国家节省外汇，杨启业很自豪。

杨启业设计的PV型旋风分离器在1989年12月通过技术鉴定，并推广用于大庆炼油厂75万吨/年催化裂化装置再生器中。此外，消化吸收引进的进料高效喷嘴，也通过创新设计推广使用到其他不同规模的装置中。在此后的广州石化炼油催化裂化项目建设中，也采用了杨启业的设计，将再生器中的10组旋风分离器改为8组形式，这个厂从此不再为催化裂化装置跑催化剂发愁了。

杨启业在学习借鉴国外先进工艺技术的同时，坚持先消化再吸收，再举一反三，不仅实现"洋为中用"，还要更上一层楼，进而推陈出新，最终创造出中国人拥有自主知识产权的新工艺技术。在学习借鉴中创新，在创新中摸索前行，工艺设计潜能在杨启业身上得到了更大程度的激发。

14. 放大与创新

重油催化裂化是在催化剂的作用下将重质油转化为汽油、柴油及液化气等产品的过程，是石油炼制主要的加工工艺之一。重油催化裂化是重油深度加工、提高炼油厂经济效益的有效方法。随着社会的不断发展和进步，能源危机日益成为人们注目的焦点，催化裂化装置作为重油深度加工装置，越来越显示出其重要作用。

国家从中国国情出发，最大限度地开发利用石油资源，重油炼制项目越来越受到重视，为炼油厂的深度加工、提高企业经济效益发挥了重要作用。

在我国，重油催化裂化装置的工业化规模开始于武汉石油化工厂，成熟于石家庄炼油厂。从武汉石油化工厂 60 万吨/年催化裂化工业装置，到石家庄炼油厂 120 万吨/年催化裂化工业装置，对于以杨启业为代表的设计者来说，迈出的每一步都是艰巨的考验。苦与乐同在，失败的可能与成功的希冀并存。

从设计上讲，120 万吨/年的石家庄炼油厂重油催化裂化工业装置，是参照武汉石油化工厂 60 万吨/年重油催化裂化工业装置的工程经验设计的。但是，不同装置的各项技术指标设定绝不是把尺寸放大那么简单，其难度之一是设备制造能力，即所设计的分布器结构、阀门等在工业上能不能实现；其难度之二是设备扩大后如何让空气分布更均匀，如何让烧焦效果更好。为此，工艺设计上繁复而大量的工作等待杨启业和同事们去完成。

李荣楣作为杨启业项目组的成员，亲身参与了这些设计。她在回忆中说，工业上的放大不是那么容易就能实现的。比如，风量增加一倍，在机械制造方面能不能做到？还有很多不可预知的变量需要考虑，确实有很大难度。有先例为证，有一台装置的斜管膨胀结设计曾出过问题，其限位拉杆部分一块板的厚度设计得薄了一点。试验时，温度一升上去，膨胀结来回伸缩，这块板在高温作用下竟然被瞬间扭曲。深知其中利害的杨启业，在装置的大型化设计中，对待每一个环节都格外慎重。

例如，催化裂化装置中的烟道设计非常讲究：如果壁厚设计得太薄，设备运行中会产生很大噪声；如果设计的流速高了，设备又会产生震动。哪怕设计上放大一点点，实际生产中就有可能出现多种问题。

所以，工业上的放大，绝不是照猫画虎那么简单，各方面因素都要考虑。设备对温度压力的承受力等数据必须计算得十分细致精确，尽管工艺流程一样，但其中细节的设计需要重新考量，其难度可想而知。催化裂化工业装置要实现从 60 万吨/年到 120 万吨/年的跨越，尽管在工艺设计上有直观的实物借鉴，省去了摸索阶段凭空想象的举步维艰，却平添了更高的技术要求。

20 世纪 80 年代，国内的基建、设备制造能力和水平不像现在这样先进，很难达到工艺设计上有前瞻性的技术要求，风机等关键部件尚需要引进。当年的工艺设计者必须掌握最新的生产现状，通过询问专家或者到设备制造厂和基建单位实地调查等，了解清楚国内的建造能力可以达到什么水平，以及什么时候能达到设计所需水平等。所有关系到设计方案能否实现的重要信息，工艺设计者都必须了如指掌，做到心中有数、有备无患。

解决了设计上的诸多难点，杨启业和同事们仅靠计算器等简陋的辅助工具完成了这项艰巨的装置放大设计任务，在设备构造、参数选择等方面积累了十分丰富的设计经验。这项工艺进步的重要意义是：炼油厂以前只能加工蜡油，现在能加工渣油等重油；炼油厂能加工的原料更多样化了，效益也能实现更大化。

杨启业(右)在武汉石油化工厂 100 万吨/年重油催化裂化装置开车时与周福昌总工检查小型催化剂自主加剂

此后，北京石油设计院一连承接了全国各大炼油厂 20 多套重油催化裂化装置的工艺设计任务：九江石化的重油催化炼化装置顺利从60 万吨/年改进为 100 万吨/年，兰州炼油厂的重油催化装置规模最大，达到了 300 万吨/年的工艺水平。从此，中国人在重油催化裂化领域如鱼得水，不再受制于人。

经过杨启业等炼化专家的努力探索，如今建成的 480 万吨/年的催化裂化工业装置，在工艺流程上也有了很多创新和改进。技术水平的突飞猛进，标志着中国当代工业化进程在各个领域都有了翻天覆地的变化，与过去不可同日而语。

15. 百炼成金

在几十年的工作中，杨启业一直坚持通过实践总结出规律来指导设计工作。如果说掌握理论知识是最基本的先决条件，那么这些理论知识要经过实践的千百次锤打、反复淬火，才能炼成真金。

杨启业说："理论是从实践中总结出来的，干什么都要经过试验。我们学反应动力学的时候，傅鹰教授讲过的这句话非常重要，我一辈子都铭记在心。武迟教授也跟我讲过，化学这个东西你不做实验是搞不出来的，各种化合物复杂得不得了，先把实验做出来，然后再来分析它。"

大学时代恩师们的教导牢记在杨启业心里，注重实验、亲自测取掌握第一手数据资料的做法也一直贯穿在他的工作生涯中。

"不要光看数据一模一样就认为没问题，除非经过实验，除非这个数据是重新做过的，像大庆常压渣油、大庆减压渣油项目，我们做过实验才获得可靠的数据，如果没做实验就会有潜在危险。"

杨启业最擅长的是对结构形式的准确把握，结构尺寸的大小能够适应反应速度的不同需求，这才是设计的关键所在。准确把握了结构尺寸，工艺设计也就不那么复杂了。

比如，馏分油、蜡油、重油、渣油(以沸点不同划分的)等所加工原料不同、特点不同、汽化温度不同，装置的提升管结构尺寸也就不同。

馏分油反应的热量生成的焦少，再生器烧焦产生的热量正好满足反应部分需求，实现了反应-再生热量平衡。蜡油催化裂化进料温度要求高，而重油催化裂化进料温度要求低，要保证原料油喷嘴对重油黏度的要求，但喷入催化剂时要求达到汽化点，这个汽化点的温度要知道，这是操作的难点。这些都掌握好了，做出的设计就比较好，就能够保证设备长周期运转，而且提升管不结焦。如果结构形式设计得不好，没有满足原料的要求，喷嘴就喷得不好，提升管内焦结的满满的，装置运行的周期就缩短了；相反，如果结构形式设计得好，很好地满足了原料的要求，提升管就不会结焦，里面干干净净，装置运行的周期就比较长。对于重油原料来说，提升管是否结焦直接影响装置的生产周期：提升管一结焦，装置运行的周期就短，生产一个月就得停工；提升管不结焦，装置运行的周期就长，连续生产好几年都没问题。

杨启业说，业主的要求不同，采用的参数也不同。比如，转化率要求多少、温度应该升高多少，都要做到心中有数。对于设计者，这永远充满挑战和考验，是一项有待提升水准的工作。

16. 神秘常数

设计者希望通过成熟的工艺来实现最经济的产品收率，价值高的产品要千方百计达到最大化收益。怎样设计才能更合理高效？掌握系数常量非常重要。

在谈到这一点时，杨启业说：

“咱们都知道，延迟焦化达到 400℃ 这个临界温度就要起反应了。以前我跟凯洛格公司交流的时候，一位外方专家写了一个公式，其中有个常数 *K*，他说这个常数必须保密，要是告诉我的话，他的饭碗就没了。这个 *K* 不是推导出来的，一定要在试验中得到，咱们搞工程的人必须记住这一点。

我们从飞马公司引进的临氢降凝技术，是把柴油凝点降下来，把蜡油脱掉，减压二线馏分油经过脱蜡就相当于柴油了，凝点很低。他们用我们的原料做实验，只是一个减压二线馏分油实验就做了 120 多种化合物出来，还没做完。你看多复杂，要想马上弄个公式推导一下确实很困难，必须通过实验做出来。”

实验数据决定了项目成败，是最关键的一环。当年，国内决定引进国外临氢降凝技术时，找到美国的飞马公司、英国的 BP 公司、法国的埃克森公司等三家国外公司。当时，我国的原料性质跟伊朗原油的一模一样，如相对密度、凝点、流程等。BP 公司在伊朗做过实验，知道产品收率是多少，他们很有把握，但是要等到来年 3 月拿出实验数据才能签合同。中方要求必须在当年 12 月 31 日之前签合同，国家还处于计划经济阶段，逾期资金拨款会被取消的。法国技术指标相对高级，不适宜中国。在规定时间内，只有美国飞马公司报出了实验数据，最终购买的是美国技术。

对于杨启业来说，每一次引进外国技术都是可贵的学习机会。通过学习国外技术，结合自己的工作实践，杨启业发现，在工艺计算中，并不依赖过于高深的数学知识，把有关的参数融合在一起的是系数，这个系数用得对不对最重要、最关键。杨启业在国外杂志上看到过一篇专业论文，文中列出了一个烟气滑阀压降公式，用的流量系数是 0. 72；而记忆中，另一本杂志上的烟气滑阀压降公式中用的流量系数是 0. 6。那么，到底怎样选用最合理的流量系数呢？杨启业坚持通过实验观察来总结其中的潜在规律，具体情况具体分析。

1990 年，济南炼油厂 80 万吨/年催化裂化装置即将投产，杨启业决定尝试一下，在烟气滑阀压降调试中首先采用流量系数 0. 72。一开工，他发现压力降得太快，即使滑阀完全打开也没有调节余地，生产遇阻。分析问题所在，杨启业发现，0. 72 这个流量系数并不符合设计中的压降要求，于是他当机立断，又尝试把流量系数改为 0. 6，开工结果完全符合预期，生产效果很好。

杨启业说，每做一套装置工艺设计都务必总结经验，哪儿做得对，哪儿做得不对，都要找原因。例如技术用对了，但参数、密度不对，设计也达不到预期效果。孔板有孔板的系数，滑阀有滑阀的系数。系数还跟介质状态密切相关，例如气相、液相、气液混合相的流量系数都不一样。根据设计经验，系数不同，算出的设备尺寸就不一样，得到的结果更完全不同。

17. 快分技术

改革开放以来，中国的石油化工工业在继续坚持独立自主的同时，也通过扩大对外交流，引进国外先进技术，大步提升了行业的技术水平和实力。中国的催化裂化技术进步也由此进入了一个新的历史时期。

经过此一阶段后，中国进入了重油催化裂化技术的大发展时期，北京石油设计院同期设计投产了一大批不同规模的以加工重质化、劣质化原料为特点的催化裂化装置，为国民经济的快速发展作出了重要的贡献。

1990 年，大港炼油厂、克拉玛依炼油厂的两位老总到美国考察，得知美国 UOP 公司有重油催化裂化 VSS(快分)技术。他们慕名找到杨启业，在征求他的建议后，决定购买这项新技术。两家炼油厂跟 UOP 公司谈好引进技术的合同后，委托公司北京石油设计院来做工程总承包，并邀请杨启业负责工程设计。

该项新技术引起了杨启业的极大兴趣，他仔细分析了运行原理：提升管中的反应完成后，需要把催化剂跟油气很快地分离，这就要靠精巧适宜的结构形式来实现。快分头的结构尺寸到底应该设计多大呢？杨启业决心研究明白。

1991 年，杨启业以工程设计者的身份赴美技术交流，主要任务是受大港炼油厂委托，审核美方公司的设计图纸是否合理。这一次出行使创新意识超前、善于思考的杨启业有了新的收获。

杨启业见识到了美国人的“快分”技术(国内称为 VQS，美国称为 VSS)，深受启发，在技术改进上触类旁通、举一反三。在美国人的实验室里，观察塔盘(催化裂化反应中设备组成之一，如分馏塔塔盘)实验。看到美国人用钢材质容器做实验的同步录像，杨启业很吃惊。他知道，我国采用的实验器具多是有机玻璃。询问其中差别，美国专家告诉杨启业，用有机玻璃做出的实验跟实际情况有差距，不足为凭，用钢材质容器做实验才能逼真地模拟生产实际状况。对比中美差异，不难得出结论，美国人的实验基础比较好、实验设备比较强，这是技术进步飞速的原因之一。

回国后，杨启业多方联络，得知石油大学也在研究相关技术，向中国石化总公司汇报了研发攻关快分技术的设想。

通过研究分析，杨启业发现，旋风分离器和快分头的尺寸设计遵循的原理是相反的，其中隐藏着一个神秘的比例关系，这正是影响催化剂回收效率最关键的因素。在此技术指导思想引领下，杨启业和石油大学共同研发，对比国内外快分技术的优劣，针对石油大学的研究成果速度工程转化慢的劣势，在工程设计上做了改进，效果特别好。

中国石化总公司联系无锡制造厂协助杨启业进行有关设备实验。杨启业两次到无锡，与石油大学科研人员一起盯在无锡制造厂，监测设备制造过程，根据测量数值及时改进调整。

UOP 公司的 VQS 快分技术已申请专利。在国际上，专利技术受法律保护，任何技术不能有抄袭前者的嫌疑。事实证明，杨启业对快分技术的研究改进不是模仿而是超越，杨启业设计的快分结构形式与美国公司的截然不同，却更为先进。

18. 敢为人先

杨启业一直保持着对技术创新的敏锐性，时刻关注国际最新的先进思路和发展动向，在自己的工作探索中加以总结提高。

过去，国内的主要研究方向是用轻油（汽油、柴油）炼制得到乙烯、丙烯等产品，用重油炼制乙烯、丙烯的技术尚未开发。丙烯是生产化工产品的重要原料，这预示着未来世界石油化工市场对丙烯需求的增长将高于对乙烯需求的增长。为满足市场对丙烯需求的增长，国内外都十分重视通过催化裂化（FCC）工艺技术来增产丙烯。

1987 年，中国石化总公司召开会议，提出了以催化裂化工艺为基础的生产低碳烯烃特别是丙烯的催化裂解（DCC）工艺技术的开发目标。接到任务后，时任北京石油设计院院长的徐承恩找到杨启业，安排他担任负责人去盯这个项目。

接到这项艰巨的任务后，杨启业全身心地投入到工艺设计研究中。这个项目是否有投产价值？杨启业做的第一件事就是联合石油化工科学研究院做小型产品分布实验，在每个新产品投入生产以前，进行实验室里的各种实验是必不可少的步骤。只有通过反复实验，才能够找出技术难点并加以解决，使工艺技术迅速转化为大型工业化生产装置。

在这个小型实验中，每小时进料只有 10 千克，而 DCC 工业生产，每小时进料高达 75 吨，整整需要放大 7500 倍！要在工艺设计上实现这样的倍数放大确实是个难题，能否成功谁也不知道有多大把握。

同年，中国石化总公司邀请众多专家到抚顺开会研讨项目的可行性。

讨论会上，对于 DCC 技术开发，炼化行业里很多知名教授持反对意见，认为开发这项技术太冒风险。原石油化工科学研究院院长、时任石油工业部副部长的侯祥麟，让杨启业在会上发言 15 分钟。

杨启业说："关于装置放大，我们有丰富的经验，燕山石化催化裂化装置开得很正常；齐鲁石化的 120 万吨/年装置设计，我们也做得很成功。DCC 装置规模才 60 万吨/年，我们有信心做好。"在工艺技术上，他从来都对自己的设计有信心。

DCC 的特点是在原料里增加 25%的水蒸气。会上，石油化工科学研究院又有人提出第二个疑问：含水量这么大，分馏塔能否把汽油分离出来？有没有把握控制？

杨启业立即给出一个颇有信心的回答："没问题！完全可以处理！"

杨启业的自信并不是盲目的。早在 1979 年，杨启业到日本考察时，发现日本公司设计的"优力克"(延迟焦化装置)，在原料中加入的水量达到了 30%。尽管国内还没有掌握这项技术，可杨启业知道，化工原理是共通的，只要具备扎实的基本功，就没有钻研不通的。

分馏塔如何操控呢？对此，杨启业并不担心。多年以来，杨启业参加过很多装置设计和现场开工，积累了丰富的实践经验，就像一位见识过各种病症的"大夫"。丰富的历练使他对各环节开工指标了如指掌，对自己、对事业充满了信心。

听了杨启业的发言，中国石化总公司领导们表态支持项目上马，把 DCC 工艺技术攻关提上了日程。

19. 坐镇指挥

根据中国石化总公司的安排，DCC 项目在济南炼油厂投入建设。为了 DCC 项目顺利上马，杨启业赶赴济南等地，为气压机等重要设备部件选型。DCC 项目做得比较顺利，遇到的唯一的一个波折是，开工时装置衬里出了些问题。

接到济南炼油厂负责人打来的告急电话时，杨启业正在燕山石化开会。天已黑下来，顾不上吃晚饭，杨启业立即启程，奔赴济南去处理这件突发的事。

夜色深沉，城市的灯火闪闪烁烁，炼油厂里人们的心情也低落起来。设备已停工，在做降温冷却处理。众人焦急地守在现场，等待故障原因水落石出。借着一盏拉线灯泡的亮光，杨启业爬进了漆黑的设备里，凭着丰富的实践经验，他很快分析发现了问题的原因。

原来，装置改造前的加工量为 30 万吨/年，而 DCC 设计的装置加工量为 6 万吨/年，装置原直径显然过大。为保证达到一定的反应速度，需要把装置的内径改小，办法就是再加一层衬里。而施工质量存在问题，装置内的衬里硬度不够、不光滑，机器运转时磨掉了一层内壁，使剩余材料粘不住，造成衬里脱落堵住了斜管，导致开工不顺利。

事不宜迟，杨启业拿出了可行的解决方案。检修一直进行到了深夜两点，问题及时得以解决，装置重新升温开工。这个意外，如同杨启业预料的一样有惊无险。

修补好的衬里需要逐步烘干，其升温过程看似简单却充满了学问。杨启业为操作工人写好一份精准的操作指南：设备首先升温到 120℃（作用是把衬里的游离水烘干），继续升温到 350℃（作用是把衬里的结晶水烘干），再升温到 550℃（作用是增强衬里强度使其如同耐火砖般硬实）……装置投产前，工艺设计人员要编写一份翔实的操作指南，以供工人参照执行。善于总结归纳的杨启业精心制作了一张记录关键操作指标的“开工表”，把实践经验总结升华为理论指导。

装置开车的过程充满变数，这是最考验操作水平的环节，需要坐镇指挥者见机行事。升温、提量、调压等关键操作，杨启业一定要亲自指导。装置的处理量决定了压力数值：处理量大，压力就得调大；处理量小了，压力就得调低一点。作为设计者，他十分了解装置的结构大小以及在什么状态下运行才有最好的效果。温度调节、压力调节、流量调节这些关键环节没有一处“不舒服”的地方，装置运行才能如行云流水般顺畅。

水蒸气量、风量、滑阀开度这三个需要调节控制的变量，要在不同开工阶段给出准确无误的对应数值。虽然现代装置是由计算机自动控制的，科技含量大幅度提高了，却依然需要丰富的经验指导。

在DCC装置开车过程中，水蒸气量是否达标直接影响产品收率，杨启业指导岗位工人密切关注仪表变化，及时调节，所有生产指标均达标。

从设计到投产，杨启业和同事们解决了一个又一个棘手的问题，使DCC装置实现了一次开车成功。

20. 开创先河

DCC装置项目是国内外史无先例的攻关项目，可谓开了先河。

项目需要解决的难题之一是，高温产生的油气在反应器和油气输送管内易结焦，其技术性强、温度高、难度大，这是催化裂化及所有炼油装置不能比拟的；而且装置剂油比高达10∶1，使催化剂极易发生输送困难问题，严重影响装置平稳运转。

杨启业勇挑重担，凭着自己的丰富经验，硬是带领项目组努力拼搏，亲自攻破道道难关，反复优化设计方案，解决了催化裂解反应温度比催化裂化还高出100℃、在大型装置中反应易结焦的难题。杨启业采用自主开发的“管式烧焦专利技术”，不但保证了装置长周期运转，还节省了投资。

难题之二是，DCC的雾化蒸汽量需达到25%的高百分率。25%的水蒸气怎么往装置里加呢？这个技术难点需要解决。在工艺设计中，喷嘴尺寸必须合理，喷嘴口径过大或过小都会影响油料和蒸汽的喷射雾化效果。所以，使用常规喷嘴，是达不到设计要求所需水蒸气量的。杨启业经过认真思考，提出了改进建议：在进料喷嘴旁另加一个水蒸气喷嘴，喷嘴的尺寸按照装置需求计算出一个合理的值，让反应中的各部分水蒸气量相加总和等于 25%，这个难题迎刃而解。

此后，DCC 界的高效进料雾化喷嘴一直使用杨启业的独特设计，这项专利技术卖到了国外，赚取了大量外汇。

1990 年，北京石油设计院以产、学、研形式，开发了具有世界先进水平的多产丙烯等轻烯烃的 DCC 技术，并在济南炼油厂 15 万吨/年装置上试验成功，实现了工业化。生产出的丙烯收率为 19%（质量分数），与既定攻关目标相当。

1994 年 10 月，杨启业主持的攻关项目“石油重质组分催化裂解（Ⅰ）型制取低碳烯烃工艺及催化剂”获中国石化总公司科技进步特等奖。1995 年，该攻关项目获得国家级发明一等奖。公司把 2300 元奖金送到杨启业家中，杨启业又全部上交给公司技术部，平分给了同事们。

20 世纪 90 年代，增产丙烯的催化裂解新工艺是中国所独有的技术，这是多么自豪的一件事！从起步之初的照葫芦画瓢到技术成熟后的独领风骚，中国催化人走出了一条自强不息的道路！杨启业和同事们独辟蹊径，开创先河，战绩卓著。

第八章

领跑的人

1. 日新月异

1991 年，杨启业迎来了非常开心的一件事，北京石油设计院迎来了全面持续发展的新时期，全院职工们结束了 20 多年的分散办公局面。杨启业和同事们搬到六铺炕安德路一座新盖的现代化办公楼里，工作、生活翻开了新的一页，各项发展日新月异。重返六铺炕，杨启业百感交集，心中充满了豪情。重返六铺炕的北京石油设计院已经成长为国家强有力的科研机构。包括杨启业在内的科技人员们，已经在中国和世界的石油化工行业占据了一席之地。

此时的中国，炼油技术经历了学习借鉴、消化吸收、自主研发、专利创新等演变历程，在 20 世纪 60 年代实现了国产化。20 世纪 90 年代，具有中国自主知识产权的催化裂化工艺技术就已出口到泰国等国家，深深打上中国烙印的专利技术已在国门外落地生根、开花结果。短短几十年，我国炼油技术从依赖到独领风骚，发生了翻天覆地的变化，令多少石油石化人无比骄傲！

北京石油设计院乔迁新址的这一年，也是我国第八个五年计划（1991—1995 年）的开局之年。1991 年 4 月，全国人大七届四次会议审议通过国务院《关于国民经济和社会发展十年规划和第八个五年计划纲要的报告》。“八五”期间，中国改革开放和现代化建设进入新的阶段，确立了社会主义市场经济目标，形成了总体开放的格局，石油石化行业的发展日新月异。

20 世纪 90 年代，北京石油设计院引进了第一台电子计算机，为创办信息中心、逐步实现自动化办公奠定了良好的基础。杨启业和同事们开始学习使用计算机，逐步替代人工处理大量烦琐的数据。那时尚没有专门的培训，同事之间互为老师，工作之余见缝插针地自学计算机画图软件，很快掌握了先进的新工具。计算机的应用使工作效率大大提高，大家得以从繁重的计算工作中解放出来，把宝贵的时间精力投入到探索创新中去。

1995年3月，经过杨启业等科技人员的多年努力，“提升管式高效再生器”终于诞生，这是我国自行研究开发的石油炼制先进工艺，首次用于安庆石化总厂40万吨/年催化裂解装置。它的开发成功，使烧焦强度达到800千克/(吨催化剂·时)以上，再生剂含碳量降至0.1%以下，这两项指标均达到世界先进水平。

多年来，杨启业进行了提升管催化裂化、高低并列式催化裂化、催化裂化掺炼渣油、高效再生等一系列工艺试验研究，组织开发了催化裂化旋风分离器等新设备，带动我国催化裂化技术跨上了新台阶。他与同事们一道开发成功的催化裂化高效再生技术、渣油催化裂化技术和消化吸收的两段再生技术，标志着我国催化裂化技术跨入了世界先进行列，为国家创造了大量的经济效益，为北京石油设计院的发展作出了突出的贡献。

产品结构的调整和优化，新的经济增长点的培育，市场竞争力的提高，以及新的市场空间的开拓，无不依赖于科技的进步和创新能力的提高。

在催化裂化领域里，杨启业是一位敢于领跑的人。敢为人先的杨启业与时代同呼吸，与祖国发展共命运，在工业浪潮冲击下，把生活和工作融为一体，在前行的路上把步子迈得更坚实。

2. 重任在肩

回顾历史，我国催化裂化技术从无到有，从低到高，不断取得进步：从同高并列式密相输送床层反应到高低并列式、同轴式提升管反应，从馏分油进料到部分掺炼渣油直到全部常压渣油进料，从一氧化碳部分燃烧到完全燃烧，从再生器内取热到外取热，从一般床层再生到快速床再生，走过了一条艰辛的道路，并且越来越显示出它的广阔前景。

历经多年艰苦攻关，在几代人共同努力下，如今，我国的催化裂化工艺技术已达到国际先进水平，已有几百套催化裂化装置建成投产，年加工能力上亿吨。我国已成为仅次于美国的催化裂化大国。

我国通过催化裂化工艺生产的汽油约占全国商品汽油的70%，柴油占全国总量的30%，液化气占炼油厂总量的90%以上，而且30%以上的丙烯也来自催化裂化工艺。这说明，催化裂化已成为重油转化的重要工艺，催化裂化技术为我国国民经济发展作出了巨大贡献，在世界范围内，也必将有更长足的发展。

石油与国际政治、经济和军事息息相关。从20世纪70年代的能源危机、90年代的海湾战争，到伊拉克战争，国际上的许多重大事件无不与石油紧密地联系在一起，石油工业因此又成为一个国家的战略产业。

目前，世界各国都在致力于寻找更为先进的渣油加工技术。从世界范围催化裂化原料来讲，20世纪70年代以前，其残炭在1%

(质)以下；80年代末因掺渣油而达到约5%(质)；90年代又和加氢预处理相结合，出现了康氏残炭10%(质)以上、重金属Ni+V30微克/克以上的渣油原料。

我国每年(5000~6000)万吨/年的减压渣油是具有高残炭、高沸点、高黏度、高胶质“四高”特点的劣质催化裂化原料，但由于其较高的H/C比和沥青质含量很低而存在用催化裂化工艺加工的可能。因此，利用好这部分资源的关键是需要开发新的工艺、催化剂和设备来解决此加工难题。

为此，大庆减压渣油催化裂化-VRFCC成套技术开发被列入“九五”期间国家经贸委“1988年国家重点技术创新项目”和中国石化集团公司“十条龙”重大科技攻关项目，并决定在燕山石化公司第二套催化裂化装置上进行工业试验。

在这样的时代背景下，杨启业的求索精神从不停歇，他全身心投入的催化裂化事业正犹如一艘快艇，乘风破浪驶向国际竞争的广阔海洋。

3. 吃干榨尽

进入20世纪90年代，杨启业的主攻方向比较专一，这就是如何通过科技创新，最大限度地利用现有国内石油资源，提高轻油收率，降低成本，提高效益。

中国石油资源中大部分原油偏重，轻质油品含量低，这就决定了中国炼油工业必须走深加工路线，不断提高轻油收率，使燃料清洁化。随着原油价格不断上涨和市场形势的变化，燃料油价格也不断上涨，导致燃料油出厂困难，炼油厂渣油出现过剩。如何将这部分渣油消耗掉，是关系到炼油企业能否正常生产和提高经济效益的关键。

减压渣油是常减压装置减压塔加工后剩下的渣油，它比常压重油更难以加工。要提高经济效益，必须把炼油厂这个老大难的“油渣”吃干榨尽，炼出高质量的油品。以燕化石化公司为例，其第二套催化裂化装置为 80 万吨/年重油催化裂化装置，掺渣量(大庆减压渣油)最大仅为 30%左右。

根据中国石化总公司要求，为充分利用石油资源，提高二次加工能力，改善产品结构，增加轻质油收率，减少重油产品，燕山石化公司拟建 200 万吨/年重油催化裂化装置。

1995 年开始，杨启业作为设计技术负责人，对燕山石化公司的中国第一套“200 万吨/年重油催化裂化装置”设计进行了技术攻关。该装置不仅规模大、技术新、要求严，而且国产化程度高，无可借鉴的经验和资料。

1995 年下半年，杨启业主持了燕山石化公司中国第一套“200 万吨/年重油催化裂化装置”设计联合攻关。杨启业带领攻关项目组，针对重油掺渣量大而难以加工的实际，在该装置设计中采用了许多新工艺、新设备。

例如，采用了活塞流提升管反应器等多项自行开发的先进工艺技术；在个别操作条件苛刻而又较重要的机泵设备中，电机都选用国产电机配套，实现设备国产化率 97.2%；在能量综合利用中，根据装置操作运行温度高的特点，在设计中利用待生催化剂烧焦后把第一再生器和第二再生器产生的烟气相混合，使温度升高到 950~1200℃，之后又采用经回收烟气热能产生中压蒸汽，采用烟机回收烟气压力能等一系列新技术，并运用了大型化设备。

大型化的外取热器热负荷达到 104670 兆焦/时，采用了自动控制，准确地控制第二段再生器床温。该装置每分钟产烟气量达 3340

标准立方米的烟机、9000千瓦时电动主风机、大型卧式三旋、第二再生器设置四组两级冷壁式外旋风分离器、大型化冷壁电液单、双动滑阀和蝶阀、烟气流率达4034～4286标准立方米/分的高温蝶阀等，都是中国第一，并在自动化方面采用了先进的集散型DCS控制等，改善了炼油厂的产品结构，大大提高了二次加工能力，使掺渣量可高达68%，比以前提高了30%以上，每年经济效益达2.3亿元。

1997年下半年，杨启业又主持设计了燕山石化公司第二套催化裂化装置——80×10^4万吨/年重油催化裂化工业装置，掺渣量(大庆减压渣油)从30%～35%提高到75%～100%。

杨启业认为，装置掺渣比大幅度提高后，将会面临烧焦负荷增加，出现反应和分馏系统结焦趋势加重、产品结构变差、生产周期变短等一系列问题。为克服这些不利因素，在杨启业的主持下，装置在改造中采用了石油化工科学研究院开发研制的专用催化剂(DVR-1)，以及短接触时间四段变径的提升管反应器、新型预提升加速段、新型高效雾化喷嘴、在提升管中部和上部采用急冷技术、提升管出口剂油快速分离系统等先进技术。其中，我国自主创新并实现跨越的有6项创新技术，其中5项属国内首创，而且第一次被工业应用，还集成采用了国内其他9项先进成熟的技术，共计15项新技术全部立足中国的技术条件，创造性地完成了整个工程设计。

攻关中，杨启业带领攻关组集思广益，坚持150天日夜奋战，集中解决了开工周期、生焦率、轻油收率、装置能耗四大关键问题。通过技术改造，燕山石化公司重油催化裂化装置掺炼减压渣油的比例从35%提高到75%～100%。

1998年11月，装置改造工程完成，正式投料试车一次开车成功。顺利投运仅一年，该装置便显露出工业研究和工程设计所预期的令人满意的效果：加工量不变，掺渣量由30%飙升至85.1%以上，改造后年新增利润1.0567亿元，吨油利润由152元上升到248元。

1999年全年的掺渣比与改造前的1997年相比高32.27%，多加工减压渣油30.62万吨，并成功为该厂解决了66万吨/年乙烯装置急需的加氢尾油原料，提供了重要的技术支撑，成为中国第一套掺炼大庆减压渣油平均70%以上的工业化渣油催化裂化装置，也是继大庆重油催化裂化之后中国重油催化裂化技术的又一次重大突破。

1998年，北京石油设计院担任总承包商的该项成套技术出售给苏丹，中国的催化裂化技术走出了国门。

2000年，燕山石化公司重油催化裂化装置和北京石油设计院承揽的非洲苏丹重油催化炼化装置均达到了200万吨/年的水平。

4. 设计金奖

20世纪90年代末期，燕山石化公司建成投产的国内规模最大的第一套200万吨/年大庆全减压渣油催化裂化装置，在采用了多项最新技术的基础上使渣油处理水平达到了一个新的高度，标志着我国催化裂化技术水平在重油的深度转化方面又上了新台阶。杨启业为催化裂化装置规模实现大型化、国产化、现代化作出了突出的贡献。

国家规定，工业项目运转两年以上才能申报奖项。2000年，“北京燕山石化200万吨/年重油催化裂化装置”荣获全国优秀工程勘察设计金奖。该装置还获得中国石化总公司科技进步一等奖。杨启业、周婉华、张蓉生、吴雷、范声、李出和、徐世平、张德姜、黄荣臻、秦彦晰、冀江、叶向东、蔡宏庆、刘海军、徐慧雯等人参与设计并作出了卓越贡献。

国内首创、达到国际先进水平的减压渣油催化裂化技术(VRFCC)的开发成功，大幅度提高了中国催化裂化技术的整体水平，使之处于世界领先地位。目前，我国科技人员正向着更高层次、更高水平和大力进行原始性创新的催化裂化技术推进。

VRFCC 是一项加工大庆减压渣油的催化裂化新工艺，这项工艺专利技术主要包括：

(1) 高黏度原料的减黏雾化技术。

(2) 无返混床剂油接触实现热击汽化及高重油转化技术。

(3) 短接触反应抑制过裂化和结焦技术。

(4) 反应再生温差及再生剂温度调控协调初始反应深度及总反应苛刻度技术。

(5) 用 VRFCC 专用催化剂(DVR 系列)技术。

第一套 VRFCC 工业装置是由燕山石化公司炼油厂催化裂化装置改造成的 80 万吨/年 VRFCC 装置，该装置工程设计的主要特点有：

(1) 提升管反应器采用了新一代高效雾化喷嘴，提高了高黏度进料的雾化效率。

(2) 采用带四层预汽提段和三臂旋流头的旋流快速分离器(VQS)，有效降低焦炭氢含量。

(3) 使用了在我国首次采用的富氧再生技术，解决了在再生器主体不动、主风量不足的前提下烧焦量增加约 25%的难题。

(4) 采用了新的防焦蒸汽注入设计，有效防止了加工高生焦母体渣油进料的反应系统、沉降器内部构件、穹顶及大油气管线等部位的设备结焦问题。

此外，该装置技改项目中还包括了 7 项我国近年来行之有效的重油催化裂化技术。

5. 最佳方案

在长期的设计工作中，杨启业养成了一个习惯，这就是所拿出的设计方案必须是“最佳方案”。

杨启业以及北京石油设计院的设计者们，在为业主做工艺设计时，会提供至少两个可选方案，改造项目的方案比新装置更多一些。在论证上给出各方案的优缺点，从项目投资、施工周期、适应多长周期操作、产品分布、能耗节约等各方面综合比对，中肯地分析哪个方案、哪条技术路线最适合业主的需求、对炼油厂的发展最有利。全方位比较、筛选出最佳方案，这是杨启业的一贯作风，也是行内通行的做法。

杨启业与范声讨论重油催化裂化装置流程

勤奋的杨启业对经手的每个项目都特别看重，下功夫做大量的资料查阅和详细的工程技术计算。他总是说，炼油厂投入那么多钱，必须确保一次开车成功，如果不成功，会使业主蒙受巨大损失。

在设计燕山石化200万吨/年催化裂化装置过程中，杨启业出人意料地在图纸上的分馏部分加了一根跨线。范声想不明白，请教杨启业如此设计的目的。

杨启业告诉范声："大型装置开通前的油运消耗会比较多，这根管线是一个捷径，相当于搭了个桥，是为了减少炼油厂运转时油的消耗量。"

范声悄悄算了一笔账：杨启业院士优化了传统设计做的这个小小的改动，可以使一次试车减少七八十吨油耗，即开车试运行时的油运消耗会减少30%，可以为炼油厂开工节省不小的运行成本。

杨启业这种对炼油厂从工艺到设备了如指掌、设计时深思熟虑的工作水平，让范声非常佩服，并从中学到了宝贵的经验。

为了拿出最佳改进方案，杨启业在完成设计后的一项重要工作是，必须了解设备运行前后的状况，做出最准确的判断。

所以，每遇停工检修，包括杨启业在内的设计人员必定一马当先，进入装置内部检查其最原始的反应后状态，如同查看"第一案发现场"，检查旋风分离器、分布板、料腿等内部构件的损坏程度。有无磨损、偏差、变形，究竟哪儿有孔、哪儿裂了，每一处都得仔细查看，任何蛛丝马迹都是判断反应是否正常的有用线索。

装置的人孔狭小，钻人孔需要掌握窍门：手扒住人孔上方的法兰，腿脚先伸进去，身体再慢慢蜷缩进去。塔内黑咕隆咚，到处是灰，化学气味呛人。只能通过人孔拉进来一盏灯泡作为照明工具，人在有限的光亮下深一脚浅一脚地行走。尤其是盛夏，人在里面待一会儿，犹如蒸桑拿，浑身上下被汗水溻得湿淋淋的，对身心都是极大的考验。

周婉华说，没有胆识、没有奉献精神是坚持不住的，杨启业在这些人中年龄是最大的，仍然奋勇当先，堪称榜样。

6. 人生路上的平行线

在北京石油设计院，有这样一个有趣的现象：同院、同室、同专业夫唱妇随或妇唱夫随的夫妻特别多。

杨启业的爱人陈红英退休前在工艺安装室（现为配管室）负责配管工艺设计工作，是工艺室配管资深审核人，认认真真、勤勤恳恳、忙忙碌碌。

杨启业与妻子、儿子参观北京植物园大暖室

在大家眼中，杨启业和陈红英夫妇俨然一对好搭档，夫妻同为工程技术人员，既是伴侣又是同事。杨启业的同事李荣榍说，陈红英是典型的贤妻良母，生性平和、待人友好、和蔼可亲，与同事邻里间也从来没有红过脸，对杨启业更是于庸常生活中无微不至地关心爱护，夫妇彼此之间的情义比海更深沉，从不为家庭琐事争吵。

夫妻搭档正是人生路上的平行线，是互相支持走好人生路的好伴侣。

周婉华的爱人赵老师原本也“跑一线”，因为周婉华实在太忙顾不上家里，为了支撑妻子的事业，赵老师主动转为二线工作。周婉华一出差就三个月不能回家，赵老师包揽了带孩子、料理家务的所有事情。有一年，周婉华的小儿子得了腮腺炎，作为母亲何尝不想守在孩子身边呢？周婉华一狠心，还是选择了出差。

对于杨启业所在的催化组成员来说，如果不能把全部精力投入到工作中，是干不出成绩的。出差多，遇到开工任务就特别繁重，就得守在现场日夜奋战，没黑没白的日子极其考验人的毅力。杨启业不是一个人在战斗。大家轮流出差到现场配合施工，这是他们的工作常态。

2006 年，退休的周婉华意外把手摔伤在家休养。没有想到的是，杨启业和催化组的全体成员一起来到她家探望，还一起吃了顿团圆饭，令周婉华至今难忘。

如今，催化组建了微信群，曾在催化组工作过的老老少少几代人都成了微友，团结的氛围延续至今。为了大家能时常聚会，催化组定下一个组规：谁家有喜事儿就集资共同庆祝。

杨启业 1997 年当选院士后，被周婉华“敲竹杠”交出几千元庆祝，这成了大家常常提起的趣事儿。

在北京石油设计院，同事们之间有一种浓浓的深情厚谊。患难见真情，从六铺炕到荆门、从荆门到燕山、从燕山回到北京，他们辗转祖国南北，哪里需要哪里安家，无论经历怎样的艰难困苦，人人都能做到风雨同舟、共渡难关。几十年倥偬岁月里，他们把亲情、爱情、友情凝聚得如此感人肺腑，一家有事大家帮，一起同行无比温暖。

7. 坚强后盾

杨启业工作非常投入，面对每一项任务都是如此，同事们既感慨又敬佩。

一年 365 天，杨启业能有一半时间待在家就不错了。有时早晨刚到家，晚上又走了，对家里照顾得很少。什么事情都不能耽误施工进度，解决现场技术问题比什么事情都着急，杨启业对工作的执着是常人难以想象的。是陈红英全心全意的默默支持成就了杨启业。杨启业的"军功章"里，有陈红英的一半功劳。夫妻俩像树一样并肩站在一起，更像战友在工艺战线上并肩奋斗，就像一枚奖章熠熠闪光的两面。

杨启业曾感慨地说："我能专心地投入工作，并取得一点成绩，这和我家有位出色的'后勤部长'是分不开的。"

一次，陈红英的脚骨折正需要护理，杨启业又接到了出差任务，他把妻子托付给亲友同事后，打起行李包就走了。全身心沉浸于心爱的催化裂化事业，杨启业常常忘记自己，家人也如宝藏被他深深地埋在心底。杨启业长年奔波在各个炼油厂之间，通常就意味着不能为家庭付出更多。同事们说，是陈红英的隐忍和支持成就了杨启业。

1984 年，杨启业在外出差期间，陈红英病了，高烧一个多月不退，吃药打针都不见效，只得住院。住院部是一座解放初期建成的老楼，没有空床位，陈红英只能躺在狭窄楼道里的板条长椅上接受治疗，默默忍受高烧的折磨，由 120 多斤瘦到了 80 斤。

工艺室派孙丽丽等四名年轻女同志，两班倒轮换着照顾陈红英，搬个小马扎坐在陈老师身边陪护。

那个时代，电话还没有普及，联系方式主要是写信、发电报，消息传递很慢。一天，杨启业终于从现场回来了，向医生询问爱人的病情。

心疼陈红英的孙丽丽忍不住直言：“您看陈老师病成这样，多需要您在身边啊！”

杨启业很无奈：“我在现场没有办法，装置正开工开到一半，不能撂下摊子回来。”

尽管杨启业收到了信和电报，他还是选择了把装置开起来再回家看一看。杨启业是把工作放在了陈红英前面，否则不会这么取舍的。

陈红英那么需要丈夫温暖，杨启业却不在身边。孙丽丽内心深处有种复杂的情感在涌动，一方面很佩服杨启业的敬业精神，另一方面同情陈老师，爱人病成这样，不管工作多紧急，如果他要回来，没有人会阻拦。

孙丽丽以为杨启业会留下来，等陈红英痊愈再去工作，没料到，杨启业安慰陈红英几句后还要出差，临走嘱咐她们：“有什么事就麻烦你们了，拜托你们费心了。”

至今，孙丽丽仍记得，杨启业转身离开时，陈红英背对她们面朝墙悄悄哭了很久。从情感上讲，同事们代替不了杨启业，陈红英选择了默默支持和承担。

妻子陈红英对杨启业从来没有流露出丝毫抱怨，她总在同事面前替杨启业解围“他忙他有事”，好像受委屈的不是她，而是丈夫杨启业。

后来碰到杨启业，孙丽丽忍不住说：“一定要对陈老师好啊！”

杨启业回答：“我知道，知道的。”

那时候，热恋中的孙丽丽也不由得权衡未来的夫妻相处之道：将来结婚后，如果身边的丈夫会是杨启业这样爱工作胜过一切的人，该怎么办？又有几人能做到像陈红英这样大爱无言呢？

随着时光推移，孙丽丽终于理解了杨启业和陈红英夫妇之间非同一般的情感，那是彼此深深理解的无须用言语表达的默契，是彼此独立、彼此尊重的爱，是人生路上两条互相注目的平行线，在相携相伴的漫长岁月中彼此守望，伉俪情深。杨启业不是对陈红英不关心，只是他把炼化事业看成了最重要的事情，比亲人重，比他自己更重。

8. 父母爱情

杨宁记得，1984 年夏天，母亲陈红英生病反复发烧，在北京三院拥挤的走廊里住院治疗，因无病房，又转入军区 514 医院，治疗一个月才慢慢好转。这时候，广西北海炼油厂正处于开工时期，父亲杨启业天天盯在现场，夜以继日地工作，没有时间回家，只得委托同事代为照看。上初中的杨宁也承担起了照顾母亲的责任。

杨宁深深理解父母的苦衷，在小家和国家两者不能兼顾的情况下，父亲不得不做出选择。那时，家庭电话没有普及，父亲杨启业和病中的母亲陈红英之间几乎没办法及时联络。在杨宁心目中，把所有的苦都埋藏在心底的母亲，把尽可能多的家务一肩挑的母亲，是多么坚强、多么了不起！

杨宁说，不少以标榜自我为荣的当代人多为自己和小家奋斗，而父母那代人却是把国家和事业放在了第一位。他这样评价父亲杨启业和母亲陈红英之间的情感：那种深沉是当代人可望而不可即的，早已超越了世俗的理解，父母可以看成是一个人，两人早已融入彼此的生命中，你中有我，我中有你。父亲出门工作，母亲就需要留下来挑起生活的担子，父亲收获的累累硕果里有母亲的付出和心血。母亲陈红英毫无怨言、义无反顾的全力支持，成就了她与父亲杨启业对小家和国家大爱的高度和谐统一。父母之间这种心甘情愿的付出，不仅仅因为爱情，更体现在对炼化事业、对祖国建设大业的无比热爱上。

少年相识、青梅竹马的杨启业、陈红英夫妇互敬互爱，所有岁月都心灵相依，心里有了你，就拥有了整个世界——这是多少人羡慕的真情啊！

后来，杨启业是怀着胜利的喜悦向刚出院的陈红英汇报的。在她的支持下，杨启业全力以赴盯在现场，使北海炼油厂一次开车成功。杨启业告诉陈红英，随着国家西部开发战略的实施，大西南地区的发展后劲很大。但是，长期以来，西南地区没有大的炼油厂，同时受地理环境、交通运输等因素限制，原油供应比较困难，极大地制约了当地经济的发展。中国石化北海炼油厂建成投产后，所生产的汽油、柴油、天然气除供给广西外，还可供给云南、贵州、四川三省及西部其他省份，可以满足广西乃至整个大西南地区的原油供应，将对广西经济发展产生巨大影响。

回首往事，曾为广西北海炼油厂开工无怨无悔、甘心付出的杨启业、陈红英一家倍感欣慰。

9. 子承父业

杨启业和陈红英都是石油炼制的专家，陈红英专攻配管专业，杨启业从事过常减压、催化、加氢、重整等诸多专业工作，其中服从组织调配投入精力最多的是催化裂化工程设计。

一年之中，杨启业至少有一半时间出差，陈红英工作也很忙。

杨宇和杨宁早早独立，依赖父母的日子少之又少。夫妻俩把对孩子的爱放在心底，不善表达的他们对从不娇气的两个孩子深感欣慰。

在两个儿子成长中的大部分岁月中，经常出差的杨启业是缺席的。对杨宇和杨宁来说，父亲的存在更像是一个符号，严厉的父亲极少对他们有温情脉脉的关怀，父亲的绝大多数时间都沉浸在自己冥思苦想的专业领域中，陪伴他们最多的是母亲陈红英的慈爱。

“上学就好好学习，上班就好好工作。”父亲杨启业经常叮嘱杨宁的这些最朴实无华的话语，正是他一直身体力行的人生准则。言传不如身教，父亲杨启业的坚毅专注早已悄悄影响着杨宁。

1989 年，杨宁深受父母影响，报考大学时也选择了石油炼制专业。

1993 年，杨宁从北京石油化工学院毕业后，被分配到北京石油设计院配管室工作，在张德姜手下做配管工作。

杨启业家庭合影

对专业人才紧缺的北京石油设计院来说，要求做工艺设计的技术人员既要多涉猎学习，也要术业有专攻，既要继承传统，也要勇于创新。杨宁这一代新生力量的加入，使炼化事业发展充满了朝气和活力。

杨宁接手的第一个项目仍是像父辈一样手画图纸，驼身弯背弓腰，把身体折成了90°，在零号图板上“精耕细作”，日久天长顿感身体酸痛难忍，小心翼翼的涂改尤其令人发怵。此中的辛劳，让深有感触的杨宁由衷佩服父母那代人几十年如一日的付出。负责在设计中“提条件”的工艺专家，工作程序偏重于计算，负责审核校对把握大方向的杨启业，即使随手画草图也会十分工整，杨宁十分敬佩。

一天，杨宁拿着没有画完的图纸回家，在灯下加班。母亲仔细看了看，指出了有关阀门位置的一处明显错误。对此，杨宁并不服气：我大学老师讲的可不是这样的！在刚参加工作的杨宁心目中，工作上独当一面的父母的见解，仍然比不过老师的教诲。

第二天，杨宁拿着图纸，找前辈张德姜求证，说出了自己的困惑：“我妈怎么讲得和老师不一样呢？”

张德姜一看图纸不禁莞尔一笑：“你妈妈讲的是对的，她还是我的老师呢！阀门是应该画在靠近主管的水平位置。”

刚走出校门、缺乏实践经验的杨宁，不得不对慈爱的母亲平添了许多钦佩和信服之情。从此，母子俩在配管专业领域里有了很多交流，母亲耳提面命的帮助使杨宁进步飞快。

20世纪80年代初，杨启业的长子杨宇读高三那年因病耽误了学业，最终没能考取大学。高中毕业的杨宇招工到燕山石化炼油厂工作，杨宇把家安在了燕化星城。三班倒的工作非常辛苦，儿时的胯骨脱臼没有彻底治愈，腿部疾患一直伴随着他的工作和生活。

张德姜和杨启业一起去燕山出差，顺便看望杨宇。

张德姜惊讶地问杨启业：“老杨，你儿子怎么还倒班呢？他的身体吃得消吗？”

杨启业平静地回答：“没事，让他锻炼锻炼吧。”

张德姜知道，杨启业从不会为了家人的事去“走后门”寻求组织照顾。于是，张德姜悄悄找到在燕山炼油厂担任副厂长的老同学，告知了杨宇的身体情况，把他调到了一个更适合身体状况的岗位。

这位老同学感慨地说："你看，老杨从没有提过他儿子的身体情况，我都不知道！"

杨宇凭着坚强的毅力参加了全国自学考试，先后取得专科和本科学历，自豪地拿到了中国人民大学的学士学位。丰富的人生经历，给了杨宇极为丰富的精神世界，爱好摄影和写作的他，转行做了记者，为燕山石化积极作贡献。

在炼化企业里，很多人一旦从业就是专注一生，一代又一代专业人才默默无闻地贡献聪明才智，平凡而又伟大。

10. 不知疲倦的"永动机"

在现任 SEI 执行董事、党委书记孙丽丽眼中，杨启业如同不知疲倦的"永动机"。孙丽丽说，催化裂化的反应过程很复杂，反应条件非常苛刻，装置开车的过程困难重重，可能有各种意料不到的问题发生。技术人员的心就像坐过山车一样揪着，忽上忽下的。所以，做过工艺工程师的人，心都是很大的。经历现场开车惊心动魄的过程就是承受巨大压力的过程，没有一定的心理承受力是挺不过来的，杨启业几十年就是这么过来的。即使随着岁月流逝，杨启业年高体弱，但是吃苦耐劳的精神丝毫不比过去差。

年轻时谁都能熬夜，一宿不睡也没问题。可进入老年的杨启业，在现场开工竟仍然可以几天几夜不休息，不开起装置来，他是不会安心睡觉的。整个开车过程，他废寝忘食，跟工人一起干，常亲自上阵指导操作。阀门开多少，温度、压力设置多少合适，这可不是随便定的。气液相平衡一旦变化，参数就都跟着变，过程相当复杂。物料不同、装置大小不同，操作也就不同，没有足够的学识、经验、胆量，是应付不了的。

在每次开工中，所有人都非常注重工期，工期延长一天，成本耗费就增加很多，水电气费用相当高。如果反应不平衡或者有粉尘污染等问题造成跑催化剂，那么损失是相当大的。只要杨启业在场，只要遇到问题，他都要亲自爬到塔、反应器、框架上去检查，许多临时状况也都会迎刃而解。他参与的装置开工，要么是按时开工，要么是提前开工。

杨启业在泰国指导 80 万吨/年 DCC 装置开车

几乎所有杨启业服务过的炼油厂都知道他的工作作风，经常有业主点名请杨启业到现场去帮忙开车。只要电话打到他那里，从没有二话，身体不好或有什么事情等任何理由都不存在。直到现在，尽管杨启业院士已经 90 多岁了，很多企业还是希望他能亲自出马。哪怕是在出差，杨启业也会回答："没问题，这边的事情我会以最快的速度处理完，晚上连夜赶过去。"

孙丽丽说，跟杨启业院士谈工作是最轻松的，只要把事情交代清楚即可，没有谁听到杨启业抱怨过吃苦受累、愤愤不平的话。安排工作时，杨启业从没说过一句有困难的话，从没跟单位提过一个条件。只要工作交给杨启业，他一定会当成最重要的事，千方百计克服困难去完成。

11. 大写的不眠之夜

无论是在北京石油设计院还是国内的其他炼化企业，凡是与杨启业共事过的人，都说他能熬夜。杨启业却说：“如果没有工作，人是非常容易困的。一旦忙起来，精力全部放在工作上了，根本一点都不会打瞌睡。”

济南炼油厂140万吨/年催化裂化两段再生装置开车，为了确保开车一次成功，杨启业与现场的干部、工人、技术人员一起，度过了一个不眠之夜，这让杨启业终生难忘。

因为是新装置，开车的每一步都要小心谨慎，要按照操作规程一步步推进。现场工人们的学习热情很高，他们围在杨启业四周，边开车，边观察调节，边向杨启业请教装置的相关技术和知识。杨启业干脆现场教学，他把自己掌握的技术倾囊相授，耐心地为大家讲解操作要领和注意事项。整个开车过程持续了一整夜，杨启业就给大家讲解了一整夜。一夜过去，杨启业看到济南炼油厂的工人师傅们仍然精神抖擞，他很佩服工人们的敬业精神。他却不知道，工人们对他也是由衷佩服，年逾花甲的杨启业不仅与他们一起熬夜，还给他们讲了一夜课，做了一夜的技术指导，却仍然是神采奕奕。

北京石油设计院许多同事都领教过杨启业的熬夜功夫，现场开车时，谁也盯不过他。

中国石化首席专家吴雷钦佩地说："论起辈分，杨启业算是我的师爷。他的精神头儿特别好，连年轻人也自愧不如。"

1991 年，吴雷陪同杨启业到河北沧州出差。当晚，熬到凌晨三点，吴雷实在坚持不住了，沉沉睡去。一觉醒来，吴雷发现年近 60 岁的杨启业仍在伏案忙碌，不知倦怠，又写又算又画，比他这个小伙子更能熬夜。

在吴雷眼中，杨启业跟同龄人比起来，确实显得硬朗得多，精力旺盛的杨启业犹如一台不知倦怠的"永动机"。身体是革命的本钱，为了有个好身板儿适应繁忙的工作，杨启业很有毅力，说戒烟就真的戒了。一天之中，杨启业的大部分时间都花在热爱的专业工作上，尽管只睡四五个小时，心无旁骛的杨启业睡眠质量却很好，或许这是老人家能保持旺盛精力的原因之一吧。

杨启业能熬夜在业内是出了名的，通宵工作对于杨启业来说是经常的事。

1998 年，在燕山石化 200 万吨/年催化裂化装置开车现场，杨启业竟然两天两夜没有休息。装置运行不畅，原因之一是催化剂不纯净堵塞设备；原因之二是装置规模大，温度达不到要求，使油浆含水难以脱尽，泵容易抽空。因为催化裂化在流化床上变化特别快，看到温度上升等异常苗头就得及时处理，杨启业盯守在开车现场，注意力高度集中，专注观察、耐心调节，一直等到设备运转状态达标后再指挥进料，终于成功解决了问题。

在正常情况下，装置开车一般需要两三天时间，持续 48~72 小时。有时候开车不顺利，杨启业就盯在现场坐镇指挥，跟操作工人在一起吃盒饭，研究温度压力升高或降低等参数掌控问题，从来不会离开现场去休息。

燕山石化 200 万吨/年催化裂化装置开车过程持续了两天两夜，杨启业硬是坚守了两天两夜。

即使通宵熬夜，杨启业也感觉身体没有多大问题，无论多疲劳很快就歇过来了。一切以事业为重，正是凭借这样一股强大的精神动力支撑着，在紧张而忙碌的日子里，废寝忘食的杨启业最多每天睡四个小时，却依然精力充沛。

杨启业对自己要求严格，对开工现场的其他人员也相当严格。1990 年盛夏，广州石化厂催化裂化装置开工。夜半时分，紧盯指标变化的杨启业发现了一个反常的现象：表盘指示温度上升了！他立即告诉值班的一位操作工把阀门关小，调低燃烧油。杨启业问那位出门后很快返回的操作工："调了吗？"

"调了。"操作工回答。

"调什么了？你看，数字指示没减少反而增加了，赶快调去！"杨启业心急如焚，忍不住火冒三丈。显然，这位师傅没按要求调节阀门。看到杨启业生气了，这位师傅立刻按照要求调节阀门，稳定了温度。

此时正值盛夏，广州酷热难当，开工现场的生产装置都是高温高压的。在这个季节，人们难免会有些懈怠，杨启业也理解操作工的不容易。但是，面对事业，他却从来丁是丁，卯是卯，容不得懈怠，在原则问题上从不让步。

12. 成为楷模

1995 年 4 月 11 日，杨启业被中国石化总公司授予劳动模范称号，这是他第二次获得这一称号。北京石油设计院在催化裂化的设计及新技术的开发研究中，取得了世界水平的成就，而杨启业则是北京石油设计院的杰出代表。为使杨启业的先进事迹成为鼓舞广大职工拼搏的动力，进而弘扬北京石油设计院的企业精神，北京石油设计院党委、工会决定号召全体职工广泛深入地开展向杨启业学习的活动，把北京石油设计院的两个文明建设提高到新水平。

石化京设党字〔1995〕第006号文件《关于开展向杨启业同志学习的决定》记载如下：

要学习杨启业同志任劳任怨、无私奉献的精神。

杨启业同志在北京院工作40年，一直在生产设计第一线工作，很多时间是在外地现场度过的，有时一年外出的时间长达200多天，往往是人还没有到家，院里已为他买好了出差的车票。有时早晨刚回家，晚上又走了，家里事也照顾不上。杨启业同志风里来雨里去，从未叫过一声苦，说过一句累。正像他自己所说："虽然自己累一点，吃点苦，但工作能搞上去，事业能得到发展，我从心里高兴。"他用自己的劳累、汗水，设计成果在外国人眼里树立起中国人的形象，在兄弟企业之间树立起北京院的形象。我们向杨启业同志学习，就要像他那样，对党和国家的事业、对自己的本职工作任劳任怨，无私地奉献。

要学习杨启业同志刻苦钻研、勇攀科技高峰的精神。

杨启业同志在北京院，一直从事炼油工艺设计，特别是在催化裂化装置的设计及新技术的开发研究工作中，以高度的事业心和责任感，以严谨的科学态度，为我国的炼油事业做出了巨大的贡献。我们学习杨启业同志，就要像他那样，刻苦钻研，勇攀科技高峰，多做贡献。

要学习杨启业同志严细认真、争创一流的精神。

近40年来，杨启业同志搞过很多催化裂化装置的设计、审核、开工，他每到一处，每干一项工作，都要认真地调查研究，取准取全技术数据，有时为了搞准一个数据，要跑几个厂，参阅大量的文献资料，进行多种方案比较，每个装置开工，都亲自制订开工方案，对重要的设备，也都要亲自检查，他在实践中掌握了大量的材料，积累了丰富的经验。他参加过多套催化裂化开工，都取得了圆满成功，为此他经常加班加点，很少看电影、电视。工作上严细高标准，对自己所做的设计一丝不苟。他做审核，对每张图、每条线、每个点、每个数据从不含糊，对出现的问题，不论老同志、新同志从不讲情面。我们学习杨启业同志，是要像他那样，对工作严细认真、争创一流。

要学习杨启业同志勤于学习、善于积累的求知精神。

向实践学习，在实践中成长，永不满足，这是杨启业同志所走的一条成功之路。参加工作以来，他坚持向实践学习，向工人学习，在配合现场施工中，白天他和工人师傅一起摸爬滚打，晚上加班整理数据，研究施工中的问题，摸清每项技术的来龙去脉，把理论知识用于实际工作，又在实践路线中不断总结提炼，把实践经验上升到理论加以推广应用。几十年来，他先后写出了十几万字的技术资料，为催化裂化改造和新建提供了依据。我们学习杨启业同志，就是要像他那样，勤于学习、善于积累实践中的经验，把我院设计科技水平提到一个新水平。

深刻认识开展向劳动模范学习的重要意义，提高学习的自觉性，比自己的行动、爱国主义、集体主义，正确的人生观、价值观教育；努力完成我院的设计、科研、生产任务；率先垂范，像杨启业那样，牢记党和人民的培养，毫无保留地把自己的一切献给祖国的石化事业，为全面完成我院的各项目标，为早日把北京院建成国际型工程公司而奋斗。

40 多年的不懈攻关，杨启业取得了令人瞩目的成绩。据统计，在 1982 年和 1995 年间，杨启业作为主要负责人攻关成功了很多项科研项目，先后 13 次获得了国家和中国石化总公司颁发的优质工程奖、发明奖、科技进步奖和先进项目奖，其中获国家级科技发明一等奖、三等奖各一项，其他为国家及省部级科技进步一、二、三等奖；获我国专利 10 余项，美国专利 3 项。

杨启业在审定石家庄炼化220万吨/年重油催化裂化装置设计资料

13. 硕果累累

“在人们的印象中，科学家经常与实验室、白大褂联系在一起。但是中国石化有一位院士，在为石化事业奋斗的50年当中，他像普通工人一样在炼塔上摸爬滚打，像勇士一样为心爱的催化裂化事业而战斗。他就是著名炼油工艺专家、中国石化工程建设公司原副总工程师、中国工程院院士杨启业。”这是《中国石化报》记者牟宗艳在《塔林中走出的院士》中的记述。

20世纪90年代，在市场经济发展和世界经济一体化进程中，中国石化准确定位出与世界发达国家的差距，这就是炼油厂装置规模与加工能力远远不能适应市场需求。这对炼油厂的规模化提出了挑战，必须与世界发达国家接轨，实现装置大型化、国产化、现代化。

作为炼油工艺专家，杨启业一如既往地冲在科技创新第一线。他先后参与海南炼化800万吨/年炼油、青岛炼化1000万吨/年炼化一体化等重大工程项目，为这些项目的催化裂化装置制订设计方案、工艺流程及具体把关审核。

要实现炼油装置的大型化、国产化、现代化，除防止发生燃烧爆炸的危险外，还要确保生产出合格产品。作为设计人、审核人、审定人，杨启业严把质量关，确保采集的各种数据精确无误，确保四个方面做到位：催化裂化装置设计的可靠性；装置投产后保持长周期连续运转不停车；各种油品质量高，规格不降低；节能降耗指标达到要求。

杨启业的技术人生就是使炼油规模不断从小到大的过程，在他的努力下，催化裂化装置由最初的60万吨/年，发展到哈尔滨、东方红、胜利等炼油厂的100~120万吨/年和其他炼油厂的140万吨/年、150万吨/年、180万吨/年。进入20世纪90年代后，杨启业又作为审核人、审定人使催化裂化装置发展到200万吨/年、280万吨/年、290万吨/年、300万吨/年，甚至472万吨/年、493万吨/年。在兰州石化公司“1000万吨/年炼油系统改扩建工程”的建设中，原油加工能力由750万吨/年扩大到1050万吨/年。

据统计，20世纪90年代，随着加工深度的提高，我国渣油催化裂化的发展更为迅速，加工能力达4200万吨/年，居世界首位。1999年年末，我国催化裂化装置总加工能力达到9117.5万吨/年，仅次于美国，属世界第二位。

自从1965年我国第一套60万吨/年同高并列式密相输送流化催化裂化装置投产，到20世纪末，我国的催化裂化专家们先后设计和改造的各类流化催化裂化装置近300次(套)，原料有馏分油、掺渣油、全常压渣油等，使我国催化裂化装置的整体技术逐步赶超世界先进水平。

据统计，从1957年到1997年40年间，杨启业所参与设计、审核、坐镇指挥开车的催化裂化装置共99套——这是个惊人的数字。

同事们十分感叹：许多同行穷其一生，也很难经历并见证这么多装置的诞生啊，这是千真万确的硕果累累。

杨启业是行内公认的催化裂化工艺国产化带头人。催化裂化的每一项工作，他都作出了主要贡献，可他对荣誉却极少考虑，不争不抢，从不计较，付出那么多、成果那么多，在众多奖项中他的名字排第一的却很少。比如外取热器这项世界瞩目的成果，杨启业作为技术发明部分独立完成人作出了主要贡献，而申报发明奖时，杨启业的排名在同事后面，他也没什么意见。大庆常压渣油催化裂化（成套技术）等成果也是如此。杨启业最看重的是那些成果给国家创造了多少效益、赚了多少外汇，一颗大公无私的心有目共睹。

硕果累累的杨启业，先后被评为国家有突出贡献的中青年专家、中国石化总公司有突出贡献的科技和管理专家，两次被评为中国石化总公司劳动模范，享受国务院颁发的特殊津贴。

14. 拎布包的院士

1994年当选中国工程院院士的徐承恩说，我国院士选拔制度非常严谨严格，中国工程院院士评选有三个渠道：一个是单位推荐，一个是学会推荐，一个是两名院士联名推荐。徐承恩院士和1995年当选中国工程院院士的侯芙生院士联名推荐了杨启业。

1997年，在工程建设、技术革命创新领域成绩突出，在催化裂化领域贡献卓越、设计经验丰富、知名度高、有真才实学、有学术权威的杨启业成为中国工程院院士。

“杨启业院士是催化裂化行业里的奠基人之一，不仅对中国石化的贡献，而且对中国的石油石化贡献巨大。”——这是孙丽丽给予杨启业院士最贴切的评价。

工作多年来，杨启业院士一直和同事挤在一间小办公室里，给这位中国工程院院士、资深专家调换一间环境敞亮安静的办公室理所应当。孙丽丽安排办公室主任去请杨启业搬家。

杨启业给孙丽丽打电话：“孙总啊，我就在工艺室，哪儿也不去，跟同事们在一起还能发挥余热呢。”

孙丽丽知道杨院士的脾气，给他换办公室的想法行不通了，随即嘱咐相关部门负责人，一定要照顾好杨院士，要从工作和生活各方面为杨院士提供更好的支持和帮助。杨启业每次有出差任务，公司一定会派两个年轻人跟随在身边，一是陪伴照料，二是学习传承。

当选院士后，杨启业仍然是那么兢兢业业，不管身份怎么变化，始终和同事们相处得其乐融融，从没有一丝的优越感。老同事们依然喊他老杨，依然跟他开玩笑，说话依然随意。

杨启业从不讲究吃穿，即使成为院士后也是如此。对物质生活几乎没有任何要求的杨启业仍习惯拎着一个尼龙袋子上下班，因为它轻便好用，什么办公用品都能放在袋子里，拿取很顺手。别人去外地出差都拿箱子，杨启业出差只提着他平常提惯的那个包。杨启业手里的包平平常常、很不起眼，从尼龙袋子到黄提兜，伴随杨启业院士走南闯北，去过全国各地很多施工现场。

时间一久，“数落”杨启业院士的同事们就多起来，大家善意地提醒他换个像样的包。老人家听从大家的建议，现在也开始背个像包的包了。

每天下班时，杨启业总是提一包资料回家，他的刻苦有目共睹，业余时间全用在工作上了。杨启业的宝贝包里，永远装着他最需要的笔、书籍和资料，有记着密密麻麻工程数据的“密电码”本儿，有迷宫般繁复的工艺设计蓝图，有能解开难题的参考资料，还有一位睿智炼油专家的毕生追求。

15. 病来如山倒

20 世纪 90 年代后期开始，杨启业院士不再担当具体工作的负责人。北京石油设计院安排他的日常工作多以校审把关为主，作为审核人，为催化裂化装置开车投产把握大方向、解决各种疑难杂症。但是，每当有新项目上马，他仍然在现场废寝忘食、殚精竭虑，确认每一个数据准确。

在同事们眼中，工作很能拼的杨启业有个令人羡慕的好身体。杨启业对此也很“自负”，他说，年少时就热爱和擅长的运动是足球和踢毽子，体育锻炼让身体单薄的他受益匪浅。“我踢毽子是一流的，几乎是不会掉下来的，很好很灵活。”杨启业自豪地说。

在周婉华印象中，杨启业似乎在年轻时就把病都生完了，共事多年，极少见他请病假。

尽管杨启业声称自己的身体什么毛病也没有，但是随着年龄的增加，一些常见病还是不可避免地找上了他。

周婉华由于血压高的原因，习惯随身带着血压计。一天，她在办公室里热心地给杨启业量血压，结果吓了一跳：高压到了 180！量完血压后，杨启业转身出了门，周婉华以为老杨一定是看病去了。下班时路过杨启业办公室一看，他还在伏案工作呢，根本就没当回事儿。

周婉华了解杨启业的脾气：“谁要是说他生病，他可不爱听；谁要是夸他身体倍棒儿，他就高兴得像个孩子似的。”

虽然杨启业不在乎疾病，疾病却意外地降临到他的身上。

1999 年 9 月，杨启业被邀请到大庆处理解答两个重油催化裂化装置的技术难点问题：一个是大庆石化公司炼油厂重油催化裂化装置施工接近尾声，即将开工投产，开工前，业主例行提出意见，需要杨启业一一解答；另一个是大庆注气厂的LGG项目，审核200万吨/年装置的设计蓝图。这两个厂距离有些远，杨启业在两个厂之间来回奔忙。这一年，杨启业67岁。

一天，他从注气厂赶回住处时，夜幕沉沉。杨启业弯腰上车时，头顶忽然碰到了车门框，一阵轻微的眩晕掠过，并无明显的疼痛感。以前，杨启业也曾有过碰头的事情，不过是疼一下就过去了，不像这次竟然还有些眩晕。后来说起这件事，才想到也许此时已经有轻微脑出血了。自信身体素质超好的杨启业很快把这件小事忘却了，跟谁也没有提起。可正是这次意外造成了损伤，让杨启业的行动出现了轻微失衡，行动变得不利索。杨启业也并未多想，以为是年岁渐长加上旅途劳顿所导致的疲乏，歇一歇就会像往常那样好起来。他没有料到，头皮下出血会压迫神经，后果越来越严重。

刚从大庆回到北京，一个电话打到杨启业办公室：石家庄炼油厂催化裂化装置开工遇到难题，请他尽快前去解决。早晨一上班，配管组副主任张德姜碰到杨启业。打过招呼，张德姜发现杨启业提着包的手在微微颤抖。

“老杨，这是要去干啥啊？”

“要出差，上石家庄。”

“你的手有毛病啊，怎么一直抖？”

“没事，我没感觉。”

“当天回来？”

“当天回来。”

“明天最好上医院看看！”

杨启业微笑着摆摆手，并不在意。他觉得，什么也没有工作任务重要。

吴雷、李荣楣陪同杨启业匆匆前往石家庄，去现场处理石家庄业主遇到的操作问题。

在技术分析会上，杨启业侃侃而谈。会后，李荣楣发现杨启业的双手变得不灵活，迟钝又不听使唤，扣子总是对不齐，半天也系不上，急忙为他系好扣子。

“老杨，你怎么了？”细心的李荣楣关切地问杨启业。

“没事。”杨启业轻描淡写地回答。

“吴雷，你看看老杨怎么了？”李荣楣跟吴雷说起这件事。

吴雷细一察看，发现杨启业的手已不听使唤，心里一惊，也觉得师爷杨启业行动不如以前麻利，哪儿有点不对劲儿。

吴雷和李荣楣再三观察，发现杨启业端水的手依然别别扭扭的，确实出现了疾病征兆。杨启业仍像孩子般嘴犟，强调自己没病。

石家庄炼油厂催化裂化装置的问题原因很快找到并顺利解决了，三人启程返回北京。在京石高速路上，车子开得飞快，吴雷心急如焚。

途中院长来电，要杨启业回单位处理紧急事务。吴雷焦急相告：“今天杨总不能去单位了。”

到京后，李荣楣打车先行把杨启业送回了家。

杨启业的忘我，众所周知。按照杨启业的习惯，每回出差回京，他总要先到院里处理出差期间积留的紧急事务。从石家庄回到北京那天，杨启业却回了家。对此，同事们颇感意外：老爷子这是怎么了？以前出差回来从来不回家休息的，一定是身体出了问题。

吴雷赶回设计院，即刻向院里领导汇报：杨总可能身体有问题了。单位马上派院医务室大夫赶到杨启业家为他做了检查，发现病情不轻，立即把执拗着自觉无恙的杨启业紧急送往最近的北京医科大学第三附属医院。

大夫一拍片子，发现杨启业脑外毛细血管损伤，颅外积血量已大到压迫神经、影响身体平衡，得赶紧住院手术。

杨启业的不在乎拖延了病情，幸好出血处不在特别重要的位置上。医生在杨启业头骨上钻了三个孔，把血引流出来。走下手术台，主刀医生感叹：“再晚来些后果就不堪设想了！幸亏抢救得早啊。”

同事们也唏嘘不已，幸亏他们发现及时、当机立断，才把这位对自己总是后知后觉的重量级专家从最危险的境地抢救回来。

杨启业感慨的是：只是脑外出血，假如是脑内出血，记忆力丧失，他就再也无法工作了。

时任工艺室主任的孙丽丽听说杨启业住院后，立即到医院探望。

杨启业在病床上躺着，血顺管子流出来，看得心里瘆得慌。杨启业却谈笑风生，对自己的病情依然轻描淡写：“我什么事都没有，他们非得给脑袋上打眼儿。明天我就上班，还有两个事没处理呢，一个装置震动了，一个两段再生平衡上还有一些问题需要去解决一下。”

孙丽丽十分感叹，杨启业就是这样忘我的人。从来没有谁听杨启业抱怨累、吃苦、愤愤不平的话，他从没提过一个条件，安排工作时从没说过一次有困难的话；只要有工作交给他，他一定会当成重要的事，克服困难、迎接挑战。

“杨总，咱不着急，养病为主。”

第二天下午，张德姜得知杨启业从石家庄回来后突发脑出血住院治疗的消息，赶到医院，忍不住心疼地数落：“我说你有问题吧，你还说没事！”

手术后醒来的杨启业，被同事们的深情厚谊感动着。

住院期间，恰逢新中国五十年大庆，作为贡献卓著的中国工程院院士，杨启业被邀请到天安门观礼台参加国庆大典观礼。因需住院一个月未能参加，这件事让杨启业倍感遗憾。

杨启业转危为安，手术后不久就恢复了健康。出院后，杨启业根本不管同事们让他保重的嘱咐，不顾大夫静养的医嘱，出院后很快上班，又像往常那样投入到忙碌的工作中，天南地北地到处出差解决他挂念的问题，很快就忘却了自己刚生过病的事情。同事们拿这个又可爱又可敬的倔老头简直没办法。

“没事儿，我体力好。”杨启业这句掷地有声的口头禅时常回响在长长的走廊上。

至今，杨启业的头顶还有两个手术时钻的洞。没有留下后遗症、还能继续他心爱的工作，这是杨启业最庆幸的事。尽管这件事过去了多年，回想起来，张德姜依旧对杨启业忘我工作的精神感慨万端：“杨启业真的是拼出来的院士。这个院士当得，除了工作就是工作，心里唯独没有他自己。”

一张蓝图等待审核，一个十万火急的方案等待把关，在杨启业心目中，执行一项工作任务，犹如打一场战役，攻不下山头绝不能拔旗撤退，撤退就等于认输。不服输、不服老的精神，使他不愿意在工作的当口承认自己是“病号”。不管是谁何时何地问他身体状况，杨启业保准回答：没事，身体好着呢。

如今，公司不再为杨启业安排具体的事务，每逢有大型评审项目，才会请杨老出马。杨启业却仍旧闲不住，天天跑现场，收集一线数据，积累一线经验，谁也拦不住这个倔强的老人。

第九章

新世纪使命

1.“非典”兰州行

进入21世纪，中国石化工程建设公司(原北京石油设计院)与燕山石化、石油化工科学研究院共同承担攻关的重大科技项目VRFCC，被国家授予中国石化集团公司新世纪首批科技进步奖中唯一的一项一等奖。这标志着，大庆减压渣油催化裂化成套技术是在这不断创新、领先、突破和研究、开发、应用成功的100余套装置基础上实施了新的跨越，从而培育和形成了中国石化又一项特有的核心技术。2001年12月，作为这项技术的首席研发者杨启业，受邀赴台湾高雄，参加全球华人石油与石化科技研讨会，在会上做了名为《大庆减压渣油催化裂化技术开发》的报告。

2003年，杨启业接到兰州石化炼油厂的邀请，请他参与重油催化裂化300万吨/年装置的开工建设。兰州石化是中国西北地区最大的石油化工基地，随着西气东输、涩宁兰天然气管道等多项重大工程建设的实施，必然会出现油品需求量增长的大好形势，重油催化裂化装置由60万吨/年改扩建为300万吨/年，加工馏分油可达到460万吨/年，工程改扩建投产后，将是当前国内最大型的重油炼化装置。重点工程建设刻不容缓，开工耽误不得。

2003年的春天，是个令国人难忘的非常时期，令人谈虎色变的“非典”正在大江南北猖狂肆虐。为了预防病毒传播，各地纷纷实施隔离政策。此时的杨启业已经年逾古稀，要离开北京困难重重。但是，作为装置设计审核人、审定人的杨启业，有着必须离开北京的充分理由，在办理了有关手续后，离开北京冒着危险前往兰州。兰州石化提前报请兰州市特批，杨启业一到兰州就进入了工厂。

杨启业此行除了参与重油催化裂化装置改造项目外，还要参与新建500万吨/年常减压蒸馏装置；通过改造和新建装置，加大南疆稠油的加工量，以分炼不同种类的原油，同时对二次加工装置——重油催化裂化等装置进行调整、改造和新建。这就要求达到两个关键工艺指标：一是外取热器的蒸汽压力在常规下为4.0兆帕，而改扩建工程的外取热器的蒸汽压力升高到7.0兆帕；二是炼油厂年开工时数为8000小时，使改扩建工程最终形成完整的1000万吨/年原油二次加工配套能力。

杨启业认真考察了现场后，精心制订了工艺技术方案，采用了“高温短接触时间的提升管反应、快速中止分离器、急冷中止剂、蒸汽或干气预提升、多点进料和重叠式两段再生”等最先进方案。装置由反应再生、分馏、吸收稳定、富气压缩机组、烟气能量回收机组、烟气锅炉等部分组成。

2003年7月，这套300万吨/年催化裂化装置一次开车成功，生产出了合格的干气、液化气、汽油、轻柴油和重油等产品。

装置建成初期，加工原料以减压蜡油和减压渣油为主；2005年前后，以加工减压蜡油、减压渣油和加氢渣油为主，采用石油化工科学研究院开发的选择性好、裂解重油能力强、水热稳定性好、抗重金属污染能力强的超稳分子筛催化剂。

2. 泰国之行

范声1992年大学毕业后，被分配到北京石油设计院工作。作为杨启业的年轻同事，他对老一辈专家杨启业对新技术的执着钻研精神非常敬佩。尤其是他与杨启业一起赴泰国进行技术交流的经历，使他这种体会更加深刻。

泰国 RPC 国家石化工业炼油公司有一套 80 万吨/年的催化裂化装置，引进了中国石化 DCC 催化裂解生产技术(中方主要供应催化剂，提供工艺操作技术指标)，由美国石伟公司做 EPC(设计、采购和施工)承包商。虽然他们用了中国的 DCC 技术，但是对中国的设计并不完全信任，而是让美国人负责工程总设计。

由于装置是 1997 年建成的，超过了 10 年检修合约期限，美国石伟公司不愿再承担检修责任。

2006 年，泰国 RPC 国家石化工业炼油公司找到中国石化工程建设有限公司，请杨启业院士帮助他们解决遇到的难题。

工艺负责人范声第一次跟随 75 岁的杨启业院士去泰国进行技术交流，范声在技术交流部分担任口语翻译。范声陪同杨启业从北京飞到泰国已是凌晨两点，他们只休息了短短四个小时就早早起床，为技术交流做各项准备。

当天，从早晨八点到傍晚六点，杨启业院士和泰方公司代表进行了长达 10 个小时的技术交流，辛劳可想而知。

通过现场检查，杨启业发现，泰方设备故障的原因是其装置中的主风分布环磨损开裂，这是原设计方案不合理造成的。杨启业提出了修改其中一个喷嘴设计的建议，他直言不讳：装置设计有问题。

在泰国技术交流留念(右一为杨启业)

泰方公司代表并不信任杨启业给出的分析结论，随即提出诸多疑问：为什么你要改美国石伟公司的设计？你到底有多大把握？

面对泰方质疑，杨启业一改往日谦逊，在中泰两方技术交流过程中侃侃而谈，从中国的工艺水平谈到工业数据和案例，从设计能力谈到技术成熟度，言语之间尽是自信甚至有些自负：“美国人设计的装置几次开工都不成功，经我的手绝对会成功。”

对于泰国人而言，美国人做的设计似乎是更可靠的，岂能轻易同意修改？他们没有听杨启业的劝告，还是按照原来设计的喷嘴重新做了一个，再次开工时又失败了。

最终，泰国 RPC 国家石化工业炼油公司将信将疑，勉强采纳了杨启业的建议，同意修改喷嘴设计，同时购买了中国自行设计生产的分布环。在杨启业主持下，泰方在一个月的检修周期内顺利完成了任务。

直到验收阶段，装置顺利通过了性能测试，泰方才真正相信了杨启业的实力。事实证明，杨启业修改的设计非常成功，工艺指标完全达到了合同要求。泰国 RPC 国家石化工业炼油公司的这套装置开工后连续运行四年都很正常，创下了一个新的纪录。

从此以后，泰国 RPC 国家石化工业炼油公司把许多技术改造都交给 SEI 完成，每次改造都完全达标。杨启业凭借过硬的专业水平赢得了泰方的充分信赖，为 SEI 赢得了良好的国际声誉。

3. 剑指“三旋”

为期一周的泰国之行，使杨启业有了一个新收获。趁着检修的机会，杨启业钻进设备内部勘察其结构组成，对泰国 RPC 国家石化工业炼油公司应用的“三旋”技术产生了浓厚的兴趣。

整个技术交流期间，每天从现场回到宾馆，杨启业总是顾不上休息，一头扎进英文资料中，记下了大量的数据和心得体会。让范声吃惊的是，杨启业不停地写写画画，整整用光了一根圆珠笔芯。

有人做过统计，一支圆珠笔的书写长度可达 2 千米，笔尖上的小圆珠要转 100 万圈。数字是枯燥的，可在范声眼中，这些数字就是宾馆桌子上那一沓沓图表和文稿，就是杨启业忘我而勤奋的工作精神。

“三旋”全称是第三级旋风分离器，其作用是把置放于再生器中的一级、二级分离器没有能力回收的催化剂进一步分离，把分离出的烟气中的催化剂浓度控制在 150 毫克/立方米以下，让排出的烟气更干净，防止烟气轮机叶片磨损，以保护轮机正常做功。

老式三旋结构运行一个周期 2～3 年后肯定会面临损坏修复问题，这是一直困扰着他们的技术难点。杨启业仔细研究了泰方提供的草图后，决定回国后立即进行这项新技术开发。

范声说，杨启业院士是敢于“吃螃蟹的第一人”，不仅有胆有识，敢尝试前人没有做过的事，更是从不落伍、颇有技术发展前瞻性，善于博采众长、高瞻远瞩，靠敏锐的洞察力切准时代发展脉搏，始终行走在专业领域里的最前沿，无愧于当今中国催化裂化事业领航人的赞誉。

恰逢中国石化一家炼油厂正要检修装置，杨启业前往做工作，力争说服这家炼油厂共同合作开发“三旋”技术。炼油厂顾虑重重，担心有风险，双方最终没有达成合作意向。

做“第一个吃螃蟹的人”需要勇气，更需要百折不挠的韧劲儿。杨启业并不气馁，他的设想、努力和坚持赢得了海南炼油厂的巨大支持。

工艺负责人范声深知，第一次尝试一项毫无设计经验的新技术，而且要在一座超大型炼油厂的催化裂化装置上应用，作为技术总负责人的杨启业院士确实在冒巨大的技术风险！

杨启业设计的“新三旋”结构在海南炼油厂顺利投产，自2006年投产至今已安全运转了10多年，为业主节约了大量的检维修成本。

范声感慨地说，泰国之行可谓一举两得：既把国产设备卖给了外国人，又消化吸收了国外的先进技术，成功研发出能创造可观经济效益的新工艺，这是多么了不起的事！

2007年，杨启业的“催化裂化BSX型三旋的研究开发和工业应用”获中国石化集团公司科技进步二等奖，吴雷、闫涛、黄荣臻、房家贵、范声、张荣克、居颖、黄勇力、杨德祥等技术人员参加了研发。

2008年，泰国业主RPC国家石化工业炼油公司又遇到一个棘手的难题：更换旋风分离器后，催化剂分离效率降低，跑了20吨催化剂。

杨启业再赴泰国进行技术交流，成功给出了解决方案。

在泰国技术交流装置留念(中为杨启业，右一为范声)

按双方合同规定：旋风分离器的效率必须达到99.992%。检修完成后在做性能测试时，指标达到了99.994%，完全达标！

欣喜之余，泰方业主更加信服并钦佩中国人的工艺水平，从此开始了和SEI的长期技术合作。

中外技术交流，更是一场场实力与水平的较量，每个回合里的刀光剑影都闪烁着智慧与胆识的荣光。

4. 征战海南

2004 年 9 月 16 日，中国石化海南炼化 800 万吨/年炼油厂项目开工，包括 800 万吨/年常减压蒸馏装置、310 万吨/年催化原料预处理装置、280 万吨/年重油催化裂化装置、120 万吨/年连续重整装置、20 万吨/年聚丙烯装置、120 万吨/年加氢裂化装置等 15 套大型工艺装置及相关的配套设施和公用工程，工程投资 116.6 亿元。SEI 承担了项目总体设计及 12 套工艺装置和 25 个系统单元的 EPC 总承包工作，总承包合同额为 58.1 亿元。杨启业和他的伙伴们自然参与了工程建设和开工的全过程。

2006 年 7 月 20 日，全厂最后一套装置中交。

2006 年 8 月 5 日~9 月 28 日，全厂投料试车一次成功。

海南炼化 800 万吨/年炼油厂项目采用了当今国内外炼油工业的最新工艺和技术，是具有 21 世纪先进水平的现代化优秀设计成果。这项“21 世纪千万吨/年炼油厂的概念设计（研究）”大型软课题研究，首次将清洁化、智能化和高价值作为炼油厂技术发展的系列目标。在全厂集成化、清洁化、大型化以及信息化设计等方面采用了很多创新技术，荣获中国石化科技进步一等奖。

海南炼化继续使用流化催化裂化技术。杨启业研发的流化催化裂化装置是石油炼制和石油化工企业中最重要的二次加工装置，承担着生产车用燃料和基本有机化工原料丙烯以及民用液化气的重要任务。国内车用汽油的 80%、柴油的 30%来自流化催化裂化装置，催化裂化对国民经济的贡献巨大。

截至 2006 年，国内最主要的两大石油集团——中国石化和中国石油所属企业流化催化裂化装置总加工规模已超过 9880 万吨/年，占原油总加工量的 37.6%，总加工能力居世界第二，而渣油加工能力则居世界第一，中国的催化裂化在国际上占有重要的产业和技术地位。

在海南项目中，70 多岁的杨启业仍然是事必躬亲，他对质量要求之严、对技术指标控制之细，使年轻的科技人员耳濡目染、备受教导。与杨启业一起工作的杨德祥说："在海南炼化即将投产之前，我们去现场检查，那些装置有的高度达到八九十米，杨老都 70 多岁了，还和我们年轻人一样要顺着梯子爬到装置里边去亲自测量、检查。"

与此同时，杨启业还在海南炼化的大力支持下，第一次在大型炼油装置安装应用了"三旋"(第三级旋风分离器)，并取得了成功。也正是杨启业这种大胆而严谨的工作精神，保证了他参加主持的 80 多套催化裂化装置均一次开车成功。

5. 继续创新

习近平同志在 2020 年召开的科学家座谈会上指出：创新是引领发展的第一动力。杨启业和他的同事们在几十年的工作中，正是通过不断创新，使我国的炼油事业不断发展。

2006 年，有一家炼油厂要进行设备改造。由于受资金和其他条件的限制，这家炼油厂不打算实施大型改造。他们向承担这项工作的中国石化工程建设有限公司(SEI)提出要求：在改造中，外部设备不能动，只对内部结构优化改造。

在炼油生产过程中，不可避免地会出现催化剂和油气反应不完全而造成沉降器内部结焦。炼油厂每年都得停工清焦，一般需要 10~15 天。停工一天，企业就会损失大量效益，对于企业来说，时间就是效益。如何在尽可能短的时间内完成设备改造，成为杨启业和同事们的当务之急。

解决当务之急，就不能走寻常路。在杨启业主持下，设计人员抓紧时间设计出了几个可行性方案，供业主选择，设备负责人黄荣臻也在设备结构创新上提出了建议。业主最终选择了杨启业的创新性设计。

杨启业的这个设计是，通过结构优化，将反应油气密闭快速导引出沉降器，大大减少了反应油气在沉降器里的滞留时间，类似于大型抽油烟机的功效。这个改造方案具有颠覆性的意义，因为根据这个设计，原来设备中的许多传统内部件要被拿掉，变成新的结构。如果成功了，会把结构不合理造成的结焦降低到最少；如果不成功，就是一个冒险的失误。杨启业非常笃定，他为这项改造花费了半年心血，确信能够创新成功。

工程根据设计方案顺利施工，50 天后，装置投产并一次开车成功。改造前后的效果对比非常鲜明：改造前，装置每年都要清焦一次；改造后，装置运行一个检修周期(3 年)不会有结焦问题，而且结焦部位能控制在很小的范围，不影响装置的长周期操作。

这是杨启业带领他的技术团队打赢的又一场漂亮仗。

2008 年，“重油催化沉降器抑制结焦的综合技术”荣获中国石化科技进步二等奖。

6. 重剑无锋

邱静薇于 1997 年毕业后被分配到 SEI 炼油工艺室催化组，在催化裂化项目中做具体的设计工作。她和杨启业院士共同经历了许多难忘的岁月，“青岛大炼油”就是其中之一。

青岛大炼油工程项目是中国石化“十一五”期间(2006—2010年)建成投产的第一套全新的单系列加工规模为1000万吨/年的大型炼化项目。

SEI作为总体设计院，在青岛大炼油项目中历经了厂址选择、预可研阶段、可行性研究阶段、总体设计阶段、基础工程设计阶段和主体部分EPC总承包的全过程工作。全项目共有15套装置及配套的公用工程系统和辅助设施，包括7套主装置及38个公用工程配套系统的工程设计、采购、施工总承包和开车服务，主要有1000万吨/年常减压蒸馏装置、320万吨/年加氢处理装置、290万吨/年催化裂化装置、250万吨/年延迟焦化装置、20万吨/年聚丙烯装置及配套的循环水场、生产给水、水处理站和凝结水站、中控室、全厂供电、区域配电等配套系统单元。

2007年夏天，青岛大炼油项目遇到了一个棘手的难题，请杨启业院士去解决，邱静薇同行。

邱静薇记得，刚下飞机，还来不及到宾馆放行李，杨启业院士就直奔现场。

根据经验分析，杨启业院士判断是设备构件中的分布器出了故障。分布器还没有安装好，摆在地上像个大锅似的，旁边临时搭建的脚手架并没有扶手。那年已75岁的杨院士一定要亲自爬进去一处处仔细查看，邱静薇和同事们拦不住他，暗自捏了一把汗。

青岛的海边湿度大，稍一活动就出一身汗。然而，现场检查这种爬上爬下、钻进钻出的活儿，年轻人都感到很辛苦，对于75岁的杨院士来说却已是家常便饭、司空见惯了，老人家心甘情愿，丝毫不惧。

在邱静薇看来，这些巨型的再生器、反应器有时也是危险体的代名词。受施工阶段条件所限，设备内部最多拉几只灯泡进去照明，能见度低，站在设备最顶上往里看，黑乎乎的场景让她格外发怵。人在脚手架上徒手攀爬，若稍微恍惚，就有掉下去的可能。

邱静薇跟在杨院士身后小心翼翼地挪动脚步，心里紧张得就像有只大鼓在急促地敲打。偌大岁数的杨院士如履平地、泰然自若的背影，让邱静薇不由得定下了心神，油然而生的敬意在心底里慢慢升腾。

多数装置，设计人员只负责检查外部构件，内构件则由专利商检查。催化裂化装置与许多装置不同，需要设计人员攀爬到设备里面检查内构件，确定没有任何设备问题才能运行，否则一出事就是大事。经历过现场施工的技术人员都深知其中的利害。

现场经验丰富的杨启业院士找到了问题所在，故障彻底排除，青岛大炼油项目进展顺利，建成后一次开车成功。

2008 年，青岛炼化 1000 万吨/年大炼油工程是 SEI 作为总体设计院完成的千万吨级炼油项目，作为重大辉煌业绩之一，载入了公司发展史册。

重剑无锋，大巧不工。真正的剑技不是凭借剑锋，而是要看个人的修为和基本功。在杨启业院士的职业生涯中，经历过不少像青岛大炼油这样漂亮的“亮剑”工程。杨启业院士从不“取巧”，他的内功修为过人，在年年岁岁、日积月累的勤奋锤炼中以拙胜巧，打造出了一把“无锋重剑”，所向披靡，无往而不胜。

7. 装置“神医”

杨启业热衷于实践，无论多么辛苦都是知难而进，只要有机会就深入生产第一线，参与设备的施工、开工、检查等全过程，对各专业、各种装置都心中有数、了如指掌，什么工序该怎么干都明明白白。

在集团公司研究科技立项方案时，杨启业也成了一位不可或缺的重要专家。

有一次，中国石化集团公司领导和有关部门一起研究天津石化全厂优化方案，其中的催化裂化项目出了难题。集团公司领导当即决定“这个问题还是让杨启业来解决”。当时，杨启业正在外地参加另一个会议，他接到通知后，第二天一大早就迅速赶到会场，积极地参加到方案优化的研究中。

周婉华记得，一次，锦州石油六厂开工，晚上正好进行喷油出产品的工序，杨启业等相关技术人员到现场参观。凌晨三点，技术人员发现没有烧出焦，取出的催化剂样品是黑色的。按常理，催化剂应该被烧成白色的，添加的催化剂跑损远远超出了设计值。

大家盯在现场反复查看分析，试图找出问题原因。直到凌晨四点，人人都身体困乏得有些支撑不住了，在场的人谁也提不出解决办法。

杨启业紧盯仪表，发现读数虽在正常范围内，但变化不大，画出的曲线笔直，他怀疑是仪表本身出了故障。多年的实践经验告诉他，反应过程中的变化应该有波动才对。他围着装置转了两圈，仔细地查看了有关设计资料和投料记录，斩钉截铁地断定：“操作没有问题，是仪表本身出了故障。”

大家半信半疑，工人爬到装置上查看。经过检查，果然两块仪表都在施工中被损坏了，再生器里没有注入催化剂，当然无法烧出焦。

原因明晰，大家欢欣鼓舞，压在心里的石头一下子落了地。问题不解决，一天得损失多少钱啊！在场的人都觉得杨启业真是神了。

遭遇许多次类似这样的突发事件，杨启业就像中医望诊一样，围着装置转一转，看一看有关资料、数据，就能找到问题所在。杨启业成了业内有名的装置“神医”，无论是国有炼油厂还是民营炼油厂，遇到问题总是会很快想到他。大家觉得杨启业有“绝招”，只要他到现场，一定会把故障排除掉。

杨启业的现场经验极其丰富，指挥开工有一套自己的神奇做法。杨启业的神奇并不是天生的，他的“绝招”是在无数个塔林中摸爬滚打了几十年练出来的。

杨启业常说：“经验是一点一滴积累起来的，深厚的技术功底要靠不断的勤奋学习。”

有人做过统计，到2007年，在杨启业近50年的设计工作里，有7500多天是在现场和工地度过的，有时一年外出时间长达220多天。

年轻同事们很感慨：“杨总爬过的塔比我们走过的路还多。”

2007年，《中国石化报》记者牟宗艳采写的《塔林中走出的院士》在年轻的炼化人中引起广泛关注，杨启业的“神奇”经历对年轻一代影响深远。

8. 严格无差错

杨启业担任设计审核人时，对每张图纸、每条线、每个点、每个数据都要仔细校审。凡是交给杨启业审核校对的图纸，他都要把关键数据重新算一遍，有错误的地方会改好填写在图纸上。

周婉华说，把设计图纸交给杨启业审核是最放心的。经杨启业校审过的设计方案，质量好速度快，纠错无遗漏，从没出过差池。设计任务往往时间很紧迫，杨启业必定拿回家加班加点校对，绝不耽误进程。杨启业事业心强、责任心重，工作从不拖延，从不让人着急上火地等待。

杨启业既严于律己，也严于律人。为此，设计院很多年轻人特别害怕杨启业审核图纸。一方面希望他看，他审核过的图纸不会有差池，让人踏实放心；另一方面怕他看，怕出了错挨批脸上无光、下不来台。

李荣楣回忆："那时候，如果谁设计上出了差错，出一张修改通知单，会觉得脸面无光、特别难看。"

20世纪80年代，孙丽丽刚参加工作时，绘制图纸是一项很费功夫和心血的工作，必须像绣花一样精细、工整。她亲眼看到，对业务一丝不苟的杨启业一旦发现谁的图纸有错误，会严厉地指出来，有些错误多的图纸会毫不留情地撕毁。

当年，绘图完成后有个重要步骤是写说明书，用钢笔在计算纸上写，写得不满意、不对要涂掉有两种方式，一种是用大白刷，一种方式是裁剪好纸条贴上。只有几个同事掌握了用大白(类似于刷墙的石灰石)和胶水按一定比例调成涂改液的窍门。如果调不好，稿纸就皱起来，干了就裂口子，画的线就被"吃掉"看不见了。孙丽丽习惯采用后一种，画好要提交给老师审核，必须干干净净、漂漂亮亮地拿出手，让看的人心里愉快。可她从来没有见过杨启业涂改图纸。

有一次晚上加班时，孙丽丽听见杨启业批评一位年轻的男同事："这张图为什么会画成这样？这张图作废，重新画！"原来，那个毛手毛脚的小伙子干这个活儿不够细致，改动的字迹不清晰。

小伙子仔仔细细一笔笔画了好几天才完成，画完后交给杨启业看，终于通过了审核。

孙丽丽被杨启业的敬业和严谨触动：这么深刻的教训，同事恐怕会记一辈子吧？对年轻人来说，遇到严厉的师傅是件好事，培养一种认真的态度对人的一生具有重大意义。拿出的图纸版面工整，别人才看得清楚，从学术上讲这是对人的尊重。杨启业对待工作的严谨细致，给年轻人上了难忘的一课，也使她终身受益。

如今，担任SEI执行董事、党委书记的孙丽丽回想起这件往事时不禁感慨："老一辈人往往性格耿直、不迁就，为的是让年轻人长记性，一辈子不再犯同样错误，犹如凤凰涅槃般身处绝境而后生。因此，那个年代培养出来的人才，普遍具有责任心强、做事细致的特点，工作作风十分过硬。"

即使到了计算机普及的今天，杨启业院士作为审核负责人，依然特别敬业，工作十分细致。每当有新建装置，他就会一个字一个字地看得特别仔细，有一丁点儿出入的地方也要全部改过来，绝不含糊。做石家庄烟气脱硫催化的时候，他主要负责把握大方向，同事用电脑软件模拟算过的数据资料交给他审核，杨院士用草稿纸一步步手算一遍，算得又快又好，直到工程技术数据全部对上，他才放心签字。

1999年，刚大学毕业的吴雷，跟随杨启业出差去武汉，曾在路上好奇地问杨启业："您这一行干了这么多年，失败过吗？"

杨启业院士回答年轻的吴雷："在学校里得99分还是好学生，但在工程设计中必须是100分，差1分也可能给国家和企业造成很大损失，不拿100分绝不会是好工程师。"

中国的催化裂化事业起步之初，探索者很难不摔跟头，杨启业的秉性是绝不允许一点错误出现在自己身上。人成长的过程就像打磨一块璞玉，不仅倾注满腔热情，更充满累年辛劳。吴雷看到的是这位前辈历经岁月打磨而熠熠闪光的人生。

在杨院士心目中，科学是神圣的。他说："科学这东西一点都不能掺假。你糊弄它一时，它糊弄你一辈子。"

严谨认真是杨启业最崇尚的工作作风，这种严谨的学术态度贯穿了他的整个从业生涯。杨启业不唯上、不唯书，更从来不想当然地唯权威是从。审核"零差错"的杨启业，在工作上坚持己见。面对问题，杨启业总有独到的见解，无论对方是谁，杨启业也一定会坚持己见，从不曲意逢迎。

吴雷说："杨启业是我师爷。"名师出高徒。如今，跟随杨启业南征北战的吴雷，已历练成催化裂化专业学科带头人。

9. 言传身教

李荣楣记得，当年北京石油设计院有个很好的传统，即每做完一个装置、开完工，各专业负责人都要写总结、做报告，把遇到的问题以及解决办法一一列举讲解，这也是“传、帮、带”的好方法。入行晚的年轻人能够从前辈那里学到很多实用的理论和实践知识，大家通过总结不断提高工艺设计水平，使设计质量逐步达到了一个又一个新的高度。杨启业写的所有技术总结，都像学术论文，使许多人从中受到启发。

培养人才，让中国的石油炼制工业发挥最大化效能，老一辈人的言传身教十分有效，这也是石油石化行业的好传统。在这个方面，杨启业做得非常突出。他不仅向年轻一代传技术业务，他对待工作和为人处世方面的优秀品质，也影响着青年科技工作者。

杨启业在业内成名很早，成为中国工程院院士后，可以用功成名就来形容他了。这也标志着，杨启业的学术地位达到了一般人要仰视的高度。在这种情况下，对有的人来讲，有些设计任务已经与身份和地位不符了。但是，杨启业不一样，只要有工作任务，不管大小，他都接下来。为什么呢？他说是为了培养年轻一代，催化裂化这个行当需要靠丰富的实践经验来提升水平，光有理论是远远不够的，多干活多设计才能成长，才能出成果。他要在与年轻一代的共同工作中，向他们传授经验，为他们把关，避免他们走弯路，使年轻一代通过不断实践，提高业务技术水平，成长为独当一面的骨干。

设计工作的时间性极强，往往拿到一个项目，就要争分夺秒地去做，几乎没有不加班的项目。成为院士的杨启业仍然像过去那样，经常熬到深夜才休息，对事业的全身心奉献使他很少有时间关注自己，一直保持着求真务实的高尚情操。工作中，他严肃认真，高标准、严要求；生活中，他随和、朴实，吃饭穿衣都十分简单，从未丢弃艰苦朴素、勤俭节约的传统美德，对于吃穿住行等物质条件的要求非常之少、从不讲究，不认识杨启业院士的人从他的穿戴方面还误认为他是个老工人。

杨启业经常激励身边的年轻人：要靠自己努力才能成功，如果总是依赖别人手把手教，自己不上心，怎么带也带不出来。

杨启业从装置开车回来总结交流设计经验和教训

范声说，自己向杨启业院士请教过的问题很多，包括方案的选择，设备内部结构上、流程特殊性上该如何考虑等。他说，杨启业院士常常举一反三，不仅给出非常全面的解答，还把前因后果讲解得很透彻。

2006 年，朱坤磊进入中国工程建设有限公司工艺室时，74 岁的杨启业做的主要工作是方案审定。他身上那种一丝不苟的敬业精神以及对后辈的殷切关怀之情，总让朱坤磊备感钦佩和温暖。

年轻的朱坤磊初入行，遇到了职业生涯中一个又一个如山峦般连绵不绝的难题，困惑不已的朱坤磊去找杨启业院士请教。杨启业对他说："年轻人要想不断提高、不断进步，就要多干活，多参与项目，工作要主动，多总结，多看一些国外资料。"

在朱坤磊眼里，杨启业是位特别倔强的前辈，他习惯拎着一个很重的包上下班。一次，朱坤磊跑上前想替杨院士拿包，被老人家认真地拒绝："我没问题的。"不服老的杨启业从来不愿意被年轻人看成一个需要照顾的老者。

一次，朱坤磊陪杨启业院士去燕山石化炼油厂，大家约好八点集合。同事悄悄告诉朱坤磊必须准时赶到集合地点，十分守时的杨院士时间观念特别重，千万不能迟到。

途中，车子堵在了北京汽车浩如洪流的街头。看着眼前的车流，杨启业感慨地对朱坤磊说：我们以前有段时间，从北京城里去燕山还步行过呢。从前常步行？这是朱坤磊无法想象的。从北京城里去燕山，即使乘最快的轿车代步至少得一个小时车程，何况用脚一步步地走！老一辈炼化人吃过多少苦？朱坤磊想象不到。

按照院士的有关待遇，杨启业出行可以坐头等舱。但是，每逢项目等着开工，杨启业总是心甘情愿地和大伙一起乘经济舱或者坐火车，一路上有说有笑的。杨启业说："苦点累点没啥，只要工作搞上去，事业发展了，我从心底里感到高兴！"

淡泊名利的杨启业自带光芒，在杨启业身边工作的年轻后辈，不仅仅得到了他的学术指导，从做人、做事、做学问、对待生活各个方面都受益匪浅。

10. 小小“密电码”

工作60多年来，杨启业院士总是随身揣着个小本子，从25岁的青年到90多岁的耄耋老人，这个习惯一直保持着。同事们都称那个小本子是“密电码”

周婉华说，几十年来，杨院士积累了那些大大小小的本子，上面密密匝匝地记着他平时积累的点点滴滴的经验，起着备忘录的作用，许多经历过的工程项目、有关数据，都记在里面。每次开会讨论方案，老杨经常拿出他的“小本子”，一边听大家发表意见，一边翻看平时记下的经验教训，哪个厂出现过什么问题，他都一清二楚。

李荣楣说，小本子那是杨启业的“传家宝”，里面记录着他的灵感、他的困惑、他的心得体会、他发现的问题等重要内容。这些“密电码”般的小本上记录下的技术要点，如同林林总总的记忆索引，给了杨启业无数电光火石般的启示，陪他渡过一个个难关、打过一场场胜仗、在纸上高屋建瓴，成了他职业生涯中极其重要的奠基石。

古人云：不积跬步，无以至千里；不积小流，无以成江海。杨启业的积累秘诀，来自他随身携带的小小“密电码”本。

不管遇到什么问题，杨启业都心中有数，他会直截了当地告诉对方：按我说的干绝对没问题。这样的秉性，在旁人看来，会觉得是霸道或自负。而杨启业敢于这样说，是因为他做过大量细致的技术分析工作，是有充分底气的。杨启业的自信，正是源于他走遍了全国，看遍中国石油、中国石化下属所有炼油厂的催化裂化装置积累下的丰富实践经验，是基于他辛勤工作60多年记录、归纳、总结出的所有浩如烟海的工程数据。

回顾中国的炼油历史，基本没有雷同的装置设计可以借鉴。因为原油的品种五花八门，从分子的角度来看，成分大不一样。油品不一样，二次加工也就不同，所以每一套催化裂化装置都是独一无二的，都是一个新的挑战。为每一套装置每做一个设计，在杨启业眼中就是一次量体裁衣。杨启业的心气儿高，他做工程项目设计就是要做到最好，做到最佳效果。

孙丽丽对这些"密电码"是非常佩服的："杨启业院士的小本子，随时记很多重要的数据。比如60万吨/年催化裂化装置，换热器多大、塔多大、管子多大、拐几道弯儿、哪个地方有支撑，这些全在他的小本上记着，用的时候一翻就能翻到。杨院士对设计熟知到什么地步呢？多少万吨/年催化装置、塔里应该开几个口、有几个塔盘，他心里都非常清楚。现场只要有问题，杨院士一到准能解决。他的小本子，也提醒着别人养成善于总结积累的习惯，有些数据必须记下来。"

每当开会讨论，杨启业都习惯拿出随身携带的小本子，所讲到的重要数据，在小本子里都有记录，他一翻就知道。杨启业对国外同行的情况了如指掌，提到某家国外专利商是如何做设计的、技术指标是多少，在他视若宝贝的小本子里，都用工整的英语单词记得清清楚楚。

对此，朱坤磊非常惊讶，不由得暗自感叹：杨院士的英语功底很扎实啊！

一次出差途中，杨启业告诉朱坤磊，高中时期他的课本是英文版的，所以基础打得好。如今，杨启业摘录外国资料，为了保持精确，仍旧把英文原版词句记在小本子上。

年轻一代在杨启业院士身上看到的最独特的品质正是善于总结提高，是勤于思考的榜样。

11. 资深球迷

2008 年 7 月，江盛阳（现任 SEI 工艺室催化组组长）参加了工作。

2009 年那个酷热的夏天，江盛阳第一次跟随杨启业去九江石化，参与中国石化集团公司的科研课题，做催化裂化油浆过滤中试试验。77 岁的杨启业院士与年轻人一起沿装置爬上爬下、钻进钻出，检查各个阀门的状态，检查中控设备。谁也说服不了这个倔强的老人，只得眼睁睁看着他辛劳。36 米高的平台，72 米高的炼塔，如果不是经常在这里上下往复，是很容易感觉累的。可杨启业在这里，爬塔如履平地，一般人常见的头晕眼花等恐高症状，他都没有出现过。江盛阳被这个老人的干劲深深折服。

回到住处，大家还要讨论第二天的工作进程，该进行哪些试验，该调节哪些参数。忙了一天的杨启业仍然是神采奕奕，同事们都非常钦佩。

九江的夏天湿度大，闷得像蒸笼。九江的夜晚令人印象深刻。

恰逢欧洲杯开赛，睡到凌晨 2 点，杨启业起床打开了电视机。江盛阳吃惊地发现，平素一丝不苟、典型学究做派的杨老居然是一位资深足球迷！在看球赛时，他的表情专注，像个热血少年，时而情绪低落，时而捶胸顿足，非常可爱。在专注而激情地为自己喜欢的球队助威 2 小时之后，杨启业在凌晨 4 点心满意足地躺回床上酣然入睡。

第二天，杨启业精神状态依旧特别好，丝毫看不出熬夜的迹象。江盛阳惊诧之际不禁油然而生了亲切感，他不曾想到干了一辈子科研工作的杨启业院士，少年时代也曾在球场上驰骋呢。

少年、青年时代的杨启业曾在足球场上驰骋拼搏，他是和足球一起成长的。对足球的热爱一直渗透进杨启业的血液里，和心跳一起澎湃，伴他迎来一个又一个蓬勃向上的春天。

热爱足球的杨启业，在大学时代曾因目睹同学受伤休学而放弃了踢球这个爱好。在他心中，为了业余爱好而付出惨痛的代价不值得。但是，对足球的热爱却一直跟随着他。

参加工作后的杨启业没能在球场上运筹帷幄，却在催化裂化领域里冲锋陷阵，与同事们并肩作战，一次次漂亮的“凌空射门”，促使中国炼油工艺技术跃上了一个个新高度、新水平。

八一足球队是杨启业喜欢的球队之一，他常说：八一足球队有一段时间，球员没有报酬，后来才有了工资待遇，球队队长也只领到月薪 99 元，那些拿微薄工资的球员一心追求为国争光。这一切也在激励杨启业在本职工作中投入更大热情。

李荣榾记得，每次到外地出差，忙完工作回到招待所休息，杨启业最爱聊的话题、最爱看的电视节目正是足球。

说来也巧，工艺室的同事们都很爱好足球比赛，每逢周末有赛事，大家相约骑上自行车大老远跑去一睹八一足球队的赛场风采，观战的群众人山人海、热闹非凡。2003 年赛季，杨启业热爱的八一足球队撤编、降级，用悲剧般的结尾为其 52 年的历史画上了一个句号。从此中国足球界不再有八一，也不再有八一队员激励人心的军礼。

对于杨启业而言，对足球的迷恋，是因为足球精神和他有着共鸣。在运动员们的赛场拼搏中，体现出勇敢和忠诚的精神品质，热爱足球的人不会轻易认输或轻言放弃。

对足球的热爱，贯穿杨启业质朴又光辉的一生。童年的杨启业踢的是“中场”，而在催化裂化事业上，杨启业却一直是英勇无畏的“前锋”，是炼油行业里神勇无敌的“国脚”，杨启业院士所参与过的催化裂化装置开工都是一次开车成功，犹如一次次漂亮的“进球”！

第十章

志在千里

1. 老骥伏枥

在长达60多年的从业生涯中，杨启业院士分外珍惜在每一次执行设计任务的过程中深入现场的实践机会，他把自己的所有工作经历都当成潜心研究和提高催化裂化技术的宝贵机遇。

杨启业在泰国DCC改造后观察操作流程并与厂领导合影

2000年，非洲苏丹建炼油厂，杨启业向公司打报告，强烈要求参与非洲的一线工作。杨启业不服老，他不愿意放过任何一个积累经验的机会。毕竟年岁不饶人，因为担心古稀之年的杨启业吃不消长途颠簸劳累，他的报告没有获批。

2011年，SEI承接了海外项目——中东某炼油厂扩建和产品升级项目，工作范围主要包括400万吨/年常压蒸馏、360万吨/年渣油加氢、480万吨/年重油催化、260万吨/年柴油加氢、160万吨/年煤油加氢、250万吨/年催化汽油加氢、90万吨/年重整等15套新装置及配套的系统公用工程单元，还包括已有800万吨/年常减压等3套装置及相关系统和公用工程单元改造。项目总投资在25亿欧元左右。承包商联合体的工作和服务范围包括项目基础设计的完善、详细设计、设备和材料采购、施工安装、预试车和试车服务。SEI 的工作范围包括 360 万吨/年渣油加氢、480 万吨/年重油催化、90 万吨/年重整及全厂控制系统等关键工艺装置和系统设施。SEI 所承担的重整装置、渣油加氢装置和重油催化裂化装置全部一次开车成功。

79 岁高龄的杨启业向公司递交了去中东检查催化裂化项目的申请书，向时任公司总经理的刘家明一再表达他的迫切心情。

一天，朱坤磊和项目经理范晓一起出差，朱坤磊得知了杨启业院士打报告的消息。范晓说："你们杨总这么大岁数了，还是工程院院士，去那个艰苦的地方，得总部审批通过才行啊。"

公司顾虑杨启业院士的身体状况，杨启业的中东之行最终没有获准，杨院士去施工现场的路上头一回亮起了红灯。伊朗的催化裂化装置就像停泊在汪洋中的一艘巨轮，对"老船长"杨启业而言有着无比巨大的吸引力，他多么想亲眼看着它顺利起航，亲眼看到它在未来漫长时间的洪流中昂首前行。

杨启业院士不是一介文弱书生，而是旗手，是战士，是勇士，是英雄。这位和蔼可亲的老人，骨子里却流淌着狼的图腾精神。即使不能参与海外工程建设，他也尽自己最大的力量，在国内为炼油事业的技术创新努力做出新的贡献。

2. 案牍劳形

近年来，杨启业院士发现自己的腰渐渐地挺不直了，走路时不知不觉地就弯下来，他时常腰背痛，背驼得越来越厉害，有时弯到了近 90°，就像一穗弯向大地的稻谷。

在张德姜看来，这种情况一方面是长期伏案工作累的，另一方面是杨启业没有及时就医延误了病情。

由于长年累月伏案工作，因案牍而劳形，使得杨启业院士习惯了弯曲姿态的背部肌肉渐渐松弛下来，失去了弹性和牵拉脊骨的力量。医生嘱咐他每天锻炼复原背部肌肉拉力，每工作一个小时就起身晃晃缓解疲乏的腰背，可杨启业一忙起来就忘了时间，一坐就是半天。他要做的事情安排得满满当当的，时间快得如白驹过隙，根本没有余暇活动。

迈过 80 岁的门槛，杨老辛勤伏案的身影越来越让后辈们心疼。每天忙忙碌碌，走进电梯的杨启业努力地扶着把手让背挺直起来，给同事们让出更多的空间。年轻后辈们更是尽力地往后靠，给这位令人敬重的老前辈腾出空间。

2013 年的一天，开完会，杨启业院士走到楼梯口，忽然感到寸步难行，病来得太突然，极少去医院看病的杨启业，不得不去看医生，诊断结果是腰骨变形厉害，压迫神经导致的。仅打了三天针，稍有好转，杨启业院士又照常坐在了他的办公桌前，专心致志地忙碌起工作来。

国家院士在享受待遇和福利的同时，也要担纲科研项目负责人。从荣誉终身制到工作终身制，“院士”这个荣誉称号被赋予了沉甸甸的崇高意义，意味着至高无上的国家使命。杨启业院士认为，退休不等于不工作，在支持国家政策的前提下，只要国家有需要，他愿意一直这样工作下去。

SEI 宣传部部长顾照扬满怀敬意地评价：“一辈子在一个单位，只从事一项专业工作，热爱它并且把它做到极致，这是一个人貌似平常却非常伟大的坚持，杨启业院士做到了。”

3. 耄耋之年

1999年，杨启业一家从六铺炕搬到了双旗杆。因常年操劳身体有恙、行动不便，65岁的陈红英也退休离开了工作岗位。

杨启业和陈红英夫妻二人感情甚睦、十分开明，像天下所有的父母一样疼爱孩子，充分尊重杨宇和杨宁的选择。一家人围着饭桌交流的话题是时事新闻，充满了知识分子家庭浓郁的民主氛围。

2000年，杨宁成家后和父母住在一起，一手包揽了早晨烧饭的家务。孙女杨劭彤的出生，给杨启业的生活增添了许多天伦之乐。杨宁批评女儿时，杨启业就出来阻拦："小孩不能训，应该多鼓励。"

杨启业的慈爱毫无保留地给予了第三代，仿佛是在补偿过去的岁月未曾给予孩子的爱。伴随孙女的成长，杨启业的性格也在悄悄变化，原本威严的表情变得柔软起来，笑容里沉淀着最朴素的欣慰和喜悦。

杨启业与妻子陈红英以及孙女合影纪念

只要不出差，忙完手头的工作下班回到家里，杨启业就和陈红英一起买菜、下厨，给全家人做一顿像样的饭，红烧带鱼或者红烧排骨都是他的拿手菜。

为了保持身体健康，如今耄耋之年的杨启业对食物要求很低，饮食清淡，窝头稀饭足矣。每顿饭从三碗饭减到两碗、两碗减到一碗、一碗减到半碗。因工作压力大、饮食偏咸，杨启业患高血压已多年，不服老的他在家人劝说下开始服药。

早些年吃过的苦在陈红英身上印记鲜明，艰苦岁月的齿痕变成病痛咬噬着她身体最薄弱的部分。

每天上午9点，心直口快的保姆准点进家，照顾腿脚不便的陈红英，帮着操持家务。“两人从来没有红过脸，可好啦!”面对记者的采访，保姆亮开嗓门说。

耄耋之年，吃过大苦的杨启业、陈红英两位老人，极为珍惜眼前的好生活，把一粥一饭的日子过得无比温暖、踏实、朴素、安静。

杨启业在家看电视新闻、阅读报纸

工作之外，杨启业的生活非常简单：关注时政新闻，观看热爱的体育赛事。晚饭后，杨启业夫妇俩翻开订阅的报刊，浏览国家大事，谈论当下日新月异的生活；或者打开电视看一场国安队的足球赛，如果球员没能进球，夫妇俩会因为遗憾而啧啧叹息；或者一起看乒乓球、排球、篮球比赛，为祖国健儿呐喊助威。从年轻时开始形成的习惯保留至今，研读专业资料之余，杨启业从不看电视剧，陈红英有时看看轻松的电视剧解解闷。周末或节假日，杨宁会陪父母一起去香山爬山散心。

工作生活依旧忙碌，杨启业把一生记录珍存的专业资料分门别类积累起来，堆砌在卧室小床四周。宽一米的折叠床就像汪洋中的一叶小舟，漂浮在他60多年勤奋追求汇聚而成的时间之水中。

2012年1月初，工艺室催化组老中青三代人集体为他们敬重的老前辈杨启业院士捧上一个象征吉祥如意的面点大寿桃，热烈庆祝了他的80岁寿辰。

4. 智慧结晶

“老骥伏枥，志在千里”，杨启业院士把他的毕生聪明才智都奉献给了祖国的炼油事业，不断进取、创新不止。他的创新精神没有因为年龄和身体状况受到影响。

2012年，杨启业跟中国石油大学(北京)合作，在中国石化九江石化实验应用“纳米混合器”，解决了沥青质含量高“糊”住设备内壁的难题。其原理是，先加一个旋风分离器把沥青质甩出，然后再用纳米技术从油浆中过滤出催化剂，其产品名称为“金属过滤器”。这项技术在军事上美国曾用于炮弹降温。

“金属过滤器”投用不到一年，供应氮气的九江化肥厂就因亏损停产了。这台装置没有达到运转一年的申报规定，该项成果报奖的事未能实现。

2016年，中国石化安庆石化裂解装置实施“原料油预混合乳化技术”技改，杨启业院士作为研发团队领衔专家之一，参与技术改造。

杨启业院士参加攻关的新项目，对他来说不存在太多难点。杨启业的构想是，原料喷出来，跟催化剂接触的时间越短越充分越好。喷嘴的尺寸和喷射速度是有限的，怎么实现这个构想呢？他想到了一个好办法，即用纳米材料做成“纳米混合器”，它的“孔眼”很微小，水喷进去跟油充分混合，油把水包住，油水混合液喷出，在一定温度条件下发生爆炸，油粒子可以分散得很细小，就能使催化剂接触得更快更充分。

杨启业说："这个纳米级的技术设计好了以后，能够提高轻油收率。"

南京工业大学邀请杨启业院士谈项目时，杨启业院士立即决定按照他的设想合作试验。这项新技术试验很成功，目前正在湖北潜江炼油厂投用，发挥出显著的生产效率。

"原料油预混合乳化技术"进展顺利，已向国家申请发明专利和实用新型专利，实用专利业已获得批复。

"金属过滤器"和"纳米混合器"两项技术的用途并不同：一个是阻挡催化剂，另一个是让油和水顺利通过和催化剂尽快结合。通过逆向思维，让一项技术焕发新活力，惠及工业生产，正是杨启业院士最高超的智慧结晶。

时光在不停地走远，杨启业院士这位德艺双馨的催化裂化业界大师，依然在向着未来探索，创新的脚步从未停下。

当今时代，世界的变化日新月异，祖国只有大力发展科技才不会落后，这正是耄耋之年的杨启业院士依然鼓足劲继续前行的强大动力。

奋斗不止，创新不止，贯穿杨启业的整个人生足迹。工作60多年来，许多新装置建成，催化裂化装置规模逐步扩大，12万吨/年、30万吨/年、80万吨/年、120万吨/年、150万吨/年、200万吨/年、250万吨/年、300万吨/年、500万吨/年、800万吨/年，不管做多大处理量的装置，只要给杨启业机会参与，一定是成功的。

目前，国内最大单套规模为480万吨/年的催化裂化装置即将建成投产，这是以杨启业为代表的炼油工艺人勇敢探索、智慧进取的最动人的结晶体。

一辈子干过一百多套催化裂化装置的设计、审核工作，这是多么惊人的纪录！

5. 采撷真理

从 1957 年起参加工作的 60 多年来，杨启业一直保持着生活简朴、努力奉献的高尚情操，平易朴实，吃饭、穿衣从不讲究。为了加班工作或钻研业务，他很少看电影、电视，经常是深夜才睡觉，白天照样坚持工作。

没有铮铮誓言，专注钻研一直是杨启业的重要人生目标。多年来，他到底在工地上工作过多少天，是一个难以统计的数字。炼油厂的开发和建设，无一不浸透着杨启业等老一辈工作者的心血和汗水；从发现大庆油田到一个个大型炼油厂的崛起，座座丰碑上都镌刻着建设者们的功绩。

如果说炼化事业是一座百花园，杨启业院士就是这座百花园里辛勤采撷的蜜蜂，他在自己无比热爱的田园里，巡视每一朵即将盛开的花朵。在他心目中，每一次看图、每一次演算，都是一次丰美的收获，每一次查检、每一次审核，都是一次丰盛的积累。

尽管已耄耋之年，杨启业仍具有一般人难以企及的旺盛精力，思维依然十分活跃敏锐，始终站在学术研究的最前沿，以老当益壮的姿势勇立潮头，每当有催化裂化项目上马，他都会作为审定人，掌舵把航。审定方案中，原本只需把握大方向的杨院士坚持把审定工作做细，所有的重要数据，他都会按照自己的经验认真地梳理一遍。每当催化裂化装置遇到重大或棘手的难题，杨启业院士也总是不负业主所望，于百忙之中亲临现场排忧解难。

在炼塔之林中摸爬滚打了 60 多年，杨启业有着丰富的实践经验，有时为了弄准一个数据，往往要跑几个工厂，并参阅许多文献资料。在各项科技攻关中，他亲自测取大量数据，为最后定夺方案提供可靠的依据。

在漫长的一个多甲子的岁月中，杨启业像一只蜜蜂扑进采撷真理的百花园中，睿智而从容正是他最值得信赖的品质。他和同事们并肩前行，走遍了祖国的大江南北，为炼油催化事业奉献出了毕生的辛劳和智慧。

尽管有得有失，杨启业无怨无悔，创新的思想一直没有停顿，一直在前进。术业有专攻、记忆力奇好、兴趣广泛，杨启业是一座智慧的宝库，是大家心中最钦佩的明星。

21 世纪以来，祖国的建设正向着更快、更高、更强进发，杨启业院士始终站在石油炼化行业世界最顶尖的舞台上，追求卓越、再谱华章。

顾照扬回忆，每当中国石化科技部开展成果评比活动，科技部负责人一得知杨启业院士参加，心里就踏实了——奋战在炼油技术革新最前沿的杨启业院士从不落伍，这位老骥伏枥的前辈代表着一个集体的荣光。

6. 心安是归处

“杨院士的记忆力特别好，我和师傅一辈人不记得的，只要是他经历过的工程项目，他都能记得清清楚楚。”

吴雷回忆，中国石化一家炼油厂写发展史，领导班子换了好几届，元老级技术人员都已退休，那个厂经历的重大历史事件早已湮没在时间的尘埃里，历史性资料散失殆尽。该厂负责人找到杨启业，希望他能帮忙写一份发展简史。杨启业熬了一晚上，靠着惊人的记忆力，洋洋洒洒完成了一份完整的发展轨迹，内容包括关键装置的来历、发展历程、经过多少次改造，每一次的改造内容全都叙述得一清二楚，字里行间尽是老一辈见证者的深情厚谊。

记忆真是个奇妙的魔术师，随岁月变老的同时，也常挥动时间的魔棒，轻易地就将人带回到从前。

有时，一首旋律激昂的老歌重新回响在脑海中，过去的岁月犹如在眼前。每当听到同时代的老歌唱家郭兰英为电影《上甘岭》配唱的插曲《我的祖国》时，想念家乡的杨启业院士就感慨万端。

“一条大河波浪宽，风吹稻花香两岸，我家就在岸上住，听惯了艄公的号子，看惯了船上的白帆……这是英雄的祖国，是我生长的地方，在这片古老的土地上，到处都有青春的力量！”

杨启业的家乡在长江南岸镇江，那是杨启业心目中最眷恋的地方。数千年的岁月里，镇江这块丰饶之地孕育着厚重的文化底蕴，出过很多益国益民的仁人志士，宽广从容、安宁美丽。

参加工作后，杨启业院士很少有机会再回到故乡，从家乡定期寄来的《镇江日报》上，他欣喜地关注着镇江的发展变化。如今，镇江的面貌日新月异，人口由新中国成立前的 15 万增长为今天的 321 万。过去的剧院已拆除重建，大街小巷热闹繁华，孩子们有了专门的足球场。

时光荏苒，70 多年前瓜洲卖菜的木桨划水声依旧回响在杨启业耳畔。在车水马龙、繁华热闹的北京城，每每回首年少时光，在想象中眺望烟雨江南，杨启业院士不禁倍感思念家园。

如今，和煦的春风又把江南吹绿了，杨启业临窗眺望夜空，思乡之情氤氲心中。

家乡人也非常想念杨启业院士，每年给他寄往返机票，邀请杨启业院士回家乡团聚。因为工作忙碌，杨启业一直没有闲暇时间回故乡。

镇江市政府曾专门邀请杨启业和所有江苏籍的院士聚会了一次。回到家乡的短短时间里，杨启业拜访了一位老同学，因为时间安排得太满，两人没能一起吃饭。在开过市政府组织的会议后，杨启业就离开了家乡，匆匆一晤，让老人家至今怀念。

2016 年春天，来自家乡的《镇江日报》的记者千里迢迢赶到北京拜访了杨启业院士，一老一小促膝交谈，浓浓的乡音暖化了杨启业沧桑的心。杨启业缓缓打开尘封已久的心门，年少时经历过的贫苦岁月犹如一杯蕴藏多年的老茶，如今回忆细品，却有种苦涩之后的绵绵回甘。

人生短暂如白驹过隙。活一天，生命就要有意义地过一天。而人生在世，应当赋予生命怎样的意义？应当为何而献身？哪里才是你真正的归属地？

故乡永远在杨启业院士的心中安放着，这份思乡情怀早已化作对祖国的大爱，历久弥新。在长江南岸出生、长大的杨启业，为了心爱的催化裂化事业走南闯北，从少年锦时到耄耋暮年，足迹踏遍了祖国大地，四海为家，此生不悔，正如仁人志士所道出的：亦苦亦乐正是生活，步步向上才是人生。

在时间的洪流里，人是渺小的存在，没有岁月可蹉跎。对于杨启业而言，每一分每一秒都是宝贵的，都理所应当地用在他热爱了一生的炼油事业上。明天，还有很多工作等着杨启业院士去做，在他的时间表里，工作永远是第一位的。

附录一　学术论著和获得奖项

60多年来，杨启业院士不仅注重把理论知识应用于实际工作，而且十分注意总结实践经验，提高理论水平，把多年积累的丰富经验升华到理论高度，并写成论文加以推广应用，为催化裂化装置改造和新建炼油厂提供了宝贵的技术资料。

主要论著如下：

杨启业．武汉石油化工厂60万吨/年提升管催化裂化装置设计总结[J]．炼油设计，1978(3)：6-32.

杨启业．引进加氢精制和催化脱蜡装置设计介绍[J]．炼油设计，1983，13(3)：25-34.

杨启业，赵伟凡．大庆常压渣油催化裂化新技术探讨[J]．石油炼制与化工，1983(4)：3-9.

杨启业，周婉华．催化裂化装置外取热器试运成功[J]．炼油设计，1984，14(2)：60-63.

周婉华，杨启业．我国第一台催化裂化可调式外取热器试运成功[J]．石油炼制与化工，1984(2)：47-48.

杨启业，周婉华．我国第一台催化裂化可调热量下流式外取热器的工艺设计和标定总结(上)[J]．石油炼制与化工，1985(3)：1-7.

杨启业，周婉华．我国第一台催化裂化可调热量下流式外取热器的工艺设计和标定总结(下)[J]．石油炼制与化工，1985(4)：50-54.

白丁荣，甘俊，金涌，俞芷青，杨启业．催化裂化提升管再生器烧焦过程的简化模拟计算[J]. 石油炼制与化工, 1991(10): 20-27.

YANG Q Y. Chines heavy oil fluidized catalytic cracking technology (China)【C】//Proceeding of the International Conference on Petroleum Refining and Petrochemical Processing, 1991. BeiJing, China.

甘俊，白丁荣，俞芷青，金涌，杨启业. 催化裂化提升管再生器多段烧焦及其模拟计算[J]. 石油炼制与化工, 1993(11): 49-56.

周婉华，杨启业. 40 万 t/a 催化裂解工程设计的开发和应用[J]. 石油炼制与化工, 1996(07): 12-17.

周婉华，杨启业，周复昌. 60 万 t/a 重油催化裂化重叠式两段再生技术的设计开发与应用[J]. 石油炼制与化工, 1996(09): 13-19.

张立新，杨启业，陈俊武. 中国渣油催化裂化工艺的发展[C]//侯祥麟. 中国炼油技术新进展. 北京：中国石化出版社，1998.

获得奖项：

石油重质组分催化裂解(Ⅰ)型制取低碳烯烃工艺及催化剂

国家发明奖一等奖

外取热器

国家发明奖三等奖

大庆常压渣油催化裂化技术

国家科技进步一等奖

大庆减压渣油催化裂化成套技术开发及工业应用

国家科技进步一等奖

带外循环管的高效烧焦罐高效再生技术

国家科技进步二等奖

催化裂化预混和提升管-高效再生技术

国家科技进步三等奖

催化剂高效脱气与汽提技术开发技术

中国石化科技进步三等奖

重油催化沉降器抑制结焦的综合技术

中国石化科技进步二等奖

催化裂化 BSX 型三旋的研究开发和工业应用

中国石化科技进步二等奖

催化裂化顶循环油进柴油加氢工业试验

中国石化科技进步三等奖

催化裂化快分-旋风系统颗粒回收问题的研究

中国石化科技进步三等奖

提高管输油掺渣比的催化裂化技术

中国石化科技进步二等奖

重油催化裂化重叠式两段再生技术

中国石化科技进步二等奖

H 型催化裂解工艺及 CPI 催化剂

中国石化科技进步一等奖

附录二　杨启业院士年谱

杨启业，炼油工艺专家，中国石化工程建设有限公司高级工程师。长期从事炼油设计工作，先后设计、审核了100多套催化裂化装置，经济效益显著；参加了提升管催化裂化、大庆常压渣油和减压渣油催化裂化、催化裂解等攻关工作；在催化裂化装置上不断采用新技术、新工艺、新设备，为我国催化裂化技术的提高和发展作出了贡献。多次获得国家及省部级奖励，获得国家发明奖一等奖1项、三等奖1项，国家科技进步一等奖2项、二等奖1项、三等奖1项，获我国专利20多项、美国专利3项，发表学术论文多篇。

1932年1月出生在江苏镇江。

1953年南京第九中学高中毕业。

1953年考入北京石油学院炼制系石油工学专业读书。

1957年大学毕业，同年9月至1958年9月在石油工业部北京石油设计院工艺室任技术员，从事工艺安装设计。

1957—1959年参与独山子炼油厂热裂化装置画分区安装图、50万吨/年常减压蒸馏装置初步设计、福建炼化延迟焦化装置，调查兰州炼油厂常减压、热裂化、催化裂化等装置运行情况和存在的问题。

1967年参与胜利炼油厂催化裂化装置，1969年该装置开车成功。它是我国设计开发的第一套120万吨/年催化裂化装置。

1968年参与大庆催化裂化装置调研测试工作。

1974—1978年，为武汉石油化工厂设计的大型60万吨/年提升管反应器流化催化装置负责人。

1978 年 6~12 月为胜利炼油厂引进 80 万吨/年催化柴油加氢和 20 万吨/年催化脱蜡合同谈判，并于 1979 年 4~7 月到美国、日本设计联络。

1979 年在荆门炼油厂催化裂化装置改造中承担了带外循环管的烧焦罐式高效再生技术攻关项目。1981 年初催化裂化再生技术开发成功。参与工艺方案和设备结构形式的确定，参加工业试验、技术总结，推广使用中完善和提高高效再生新技术。到目前为止已有 13 套装置正常运转。

1976—1980 为石家庄炼油厂 250 万吨/年常减压和 120 万吨/年提升管催化裂化联合装置设计审核人。

1983 年成功开发出内取热器，并投用到石家庄炼油厂催化裂化装置中。

1983 年初参与牡丹江炼油厂(带有新型外取热器)催化裂化装置工程。1989 年 11 月，向美国石伟公司介绍外取热器，并带美国人去哈尔滨炼油厂、牡丹江炼油厂考察使用效果，得到外商确认。

1985 年为武汉石油化工厂进行 100 万吨/年重油催化改造合同谈判并于 1986 年 1~4 月去美国设计联络，为二段再生技术的开发提供技术保证。

1986 年 12 月建成我国第一套预混合提升管——高效再生催化裂化工业装置，为我国催化裂化再生技术开辟一条新途径。参与流化技术——大港炼油厂 5 万吨/年馏分油催化裂化装置设计。混合烧焦管的高效再生新技术，负责技术审核和方案制订，首先在 5 万吨/年大港炼油厂进行试验，获得成功后推广到三套 80 万吨/年渣油催化裂化装置上使用，效果良好。

“六五”期间参与大庆常压渣油催化裂化装置。依据重油催化裂化特点到上海石油化工总厂、北京化工二厂、牡丹江炼油厂等单位进行调研。负责起草“六五”攻关论证材料稿，负责起草“六五”攻关项目可行性报告，参加整个攻关和设计方案制订。针对大庆常压原料特点，在工程设计上要使原料雾化良好，提出采用喉管喷嘴结构。

1987年负责开发多产化工原料丙烯的催化裂解工业生产装置。

1989年10月主持长岭炼化总厂60万吨/年提升管式高效再生试验装置研究设计。1991年建成，1992年一次开车成功。

在广州石化厂，将再生器中10组老旋风分离器改为新引进的8组形式。

为“七五”重点攻关项目减少生焦反应和强化再生技术开发项目负责人。PV型旋分器在1989年12月通过技术鉴定，并推广用于大庆炼油厂75万吨/年催化裂化装置再生器中。此外，消化吸收引进的进料高效喷嘴，通过计算推广使用到其他不同规模的装置中。

1995年，参加的攻关项目“石油重质组分催化裂解(Ⅰ)型制取低碳烯烃工艺及催化剂”，获得国家发明一等奖。

1995年，参加的安庆石化裂解装置是我国自行研究开发的先进石油炼制工艺。

1995年，主持了燕山石化中国第一套“200万吨/年重油催化裂化装置”设计联合攻关，该项目荣获全国优秀工程勘察设计金奖。

1997年，主持设计了燕山石化第二套催化裂化装置——80万吨/年重油催化裂化工业装置。

1997年，当选为中国工程院院士。

1998年，参与北京石油设计院作为总承包商的非洲苏丹重油催化炼化装置工程。

2001年12月，受邀赴台湾省高雄市，参加全球华人石油与石化科技研讨会，在会上做了名为《大庆减压渣油催化裂化技术开发》的报告。

2003年，参与兰州重油催化裂化300万吨/年装置，一次开车成功，生产出了合格的干气、液化气、汽油、轻柴油和重油等产品。

2004，主持中国石化海南炼化800万吨/年炼油厂项目280万吨/年重油催化裂化装置。

2006年，赴泰国技术交流，成功改造泰国RPC国家石化工业炼油公司80万吨/年催化裂化装置。

2006年，开发设计的“催化裂化BSX型三旋”在海南炼化炼油厂顺利投产，该“新三旋”研究开发和工业应用获中国石化科技进步二等奖。

2006—2008年，参与建成中国石化青岛炼化1000万吨/年大炼油工程。

2008年，“重油催化沉降器抑制结焦的综合技术”荣获中国石化科技进步二等奖。

2013年，与中国石油大学(北京)合作，在中国石化九江石化炼油厂实验应用“纳米混合器”，解决了沥青质含量高“糊”住设备内壁的难题。

2016年，2016年催化裂化装置实施“原料油预混合乳化技术”技改，杨启业作为研发团队领衔人之一。

后记　一穗弯下腰身的“稻谷”

春去秋来，北京这个古老又现代的都市繁华而热闹，季节的更迭让一座城彰显历史的沉稳与沧桑。

在中国石化工程建设有限公司(SEI)办公楼电梯中，笔者见到了中国工程院院士杨启业。电梯上行，同事们进进出出，老人家贴壁站立，努力挺直被岁月压弯的腰背，尽量让出更多空间，他温和谦逊的微笑比春天还要暖，比秋天还要厚重——老人家的样子就像一穗沉甸甸弯下腰身的稻谷。

退休后，杨启业院士依然每天为工作忙碌。从1957年到现在，老人家长达60多年的人生岁月全部奉献给了所热爱的工作，仿佛他就是为工作而生的，他的爱好就是工作，他的兴趣唯有工作。尽管已是耄耋之年，在事业追求上，老人家依然怀有“时不我待、只争朝夕”的紧迫感，就像一只滴答行走的马蹄表，奔忙在专业领域最前沿。

干好工作也许不难，难的是一辈子只干一项工作并且干到最好，术业有专攻的杨启业院士做到了。作为我国催化裂化工艺技术的奠基人之一，杨院士和他的同行们历尽艰辛、披荆斩棘、奋勇前行，六十多载不改初衷，创下许多“开拓性壮举”。在炼油工艺技术领域，成就斐然的杨启业院士参与并见证了祖国白手起家、艰难探索、飞速发展、世界领先的伟大历程，这位干出来的院士用倾其一生的热爱谱写了一部厚重的“敬业大书”！

在采访、写作的过程中，我们这些“门外汉”怀着敬意尽力理解杨启业院士的人生路程和丰功伟绩，内心经历了灵魂的重重高度洗礼，万分钦佩、无比感动。

杨启业院士是笔者见过的生命力最强悍的人。从小到大，怪病一次次侵袭，老人家硬是靠坚强的意志挺了过来。杨启业院士的“神奇”抗病经历为人津津乐道，更令人惊奇的是：无论身处何种境地，心无杂念、专注工作的杨启业总能在谈笑间从容应对，也许是连病魔也奈何不了这位痴于事业、无暇旁顾的“硬汉”吧！可以说，无论经历怎样的磨难，杨启业院士成功地把个人命运融入国家命运中，他的心始终和祖国一起热烈地跳动！

杨启业院士的卧室是笔者见过的最拥挤的卧室。一张半米多宽仅容一人躺卧的行军折叠床，四周堆满了各种专业资料。小床被一摞摞年代久远、浩如烟海的资料团团围住，就像汪洋大海中一叶小舟被滔天巨浪围住。老人家有随身携带小本勤于记录总结的好习惯，这些散发着历史气息的“密码本”都是他一年年尽心留存的珍宝，看似错落芜杂却乱中有序，什么年代的放在什么位置，老人家记得一清二楚，需要的时候随手一抽绝不会错，让人肃然起敬。

杨启业院士是笔者见过的最可亲可敬的人：这位拎布包的院士谦逊和蔼、朴素执拗、吃苦耐劳，就像离自己最近的亲人。而他的安静与时代的喧哗反差巨大、相映成趣，从不讲究吃穿，从不关心名利，从不身陷世俗泥沼，就像一位专心修为的世外隐士。在中国石化工程建设有限公司，在杨院士身旁耳濡目染、默默工作着的人们同样卓越，他们并肩站成了广阔无边的稻谷地，丰硕的果实足以辉耀祖国的未来。

平凡而又伟大！杨启业院士的高尚情操和优秀品质正是我国科研人的高度缩影——从这个意义上讲，这部传记不仅仅是写老人家一个人的，而是写给为祖国事业立下汗马功劳的千千万万个科研志士的！

在动笔写这本传记时，一部名为《辉煌中国》的纪录片正鼓舞激励着全国人民的心，忙碌在科研创新最前沿的那些年轻面孔让人惊